向世界投履歷

——找到未來的自己

李欣澄 著

一趟西伯利亞鐵路之旅，開啟我走向世界的嘗試。當年 20 歲的我，帶著小 V8，鏡頭對向世界，戰戰兢兢踏上探索之旅。

準備好自己整裝上路
帶著問題出發找答案
蒙古

歐洲啊歐洲，曾經夢想的美麗地方，但是那份美麗只存於某個夜晚，或是某種表面。其實我們都生活在相同的城市，我們可以擁有相似的價值觀，為了生活一樣的狼狽，也一樣的幸福。

眼睛被打開世界彷彿還很新
我們不見了什麼卻也得到了許多
義大利

地貌如此相似的
地球兩端
竟因緣分串聯在一起
台灣花蓮海岸
義大利卡拉拉海岸

我喜歡列目標，決定參加國際交換學生後，在筆記本寫下想要在歐洲完成的事，列的第一項是「向世界投履歷」。好奇跟我同個領域的年輕人，對影像、對世界、對人生的價值觀是什麼。

法國

慢慢發現，自己愛極了這種，不斷地在找尋專業的意義與價值，在茫然、困惑中前進的感覺。

 # 法國
 # 芬蘭坦佩雷

背著大橘包，感謝攝影與所學，帶我到地圖上那些陌生無法發音的鄉鎮，那些地名都成了有意義的符號。記得有本書提到，在未來的社會，活到一百歲會是常態。若我們以百歲人生的角度來看待一生的規劃，會發現這世界有很多機會，只差自己不夠瞭解自己。不瞭解自己，那這世界再大，都與我無關。

 # 荷蘭
 # 比利時

15 公斤的大橘包背起來沉甸甸
在廣袤的土地上一步步踩踏用身體去體驗
法國

探索河流的源頭一條可飲用的河流計畫
法國

我的比利時舅舅
比利時
台灣

爸爸鼓勵我們追求夢想，但是要追求一定不會失敗的夢想。有什麼夢想，一定不會失敗？那就是「幫助別人」，聽起來很玄，難以理解，但一次美好的經驗，讓我開始明白其中的美妙。

 # 來自芬蘭的阿爾托和外婆同框
 # 台灣金山

我的一面鏡子——雙胞胎妹妹
台北花園新城

曾經對未來的不確定性與選擇感到迷惘
因為一路上相遇的人
勇敢做了不同的選擇
給了我力量

目錄

PART 1 裝備・準備與學習

PART 2 出發・帶一個問號

推薦文一

讓自己成為別人的禮物

李偉文
牙醫師、環保志工

幾個小時前，我翻開這疊A4大小的完整初稿，這是我第一次閱讀A寶所寫的這趟尋找自我的旅程。

雖然這幾年來，她常會跟我們分享她的經歷，我也會在她主動詢問我意見時，提供給她一些我的想法以及也許可以參考的幾個選擇。總之，我秉持著當孩子長大後，父母就應該當她們的顧問，顧問的角色是當客戶有需求時才回應，客戶沒問你時就不要指指點點的。

A寶二年前在芬蘭交換學生一年返台，從政大傳播學院領了畢業證書後，自覺可以將大學這段自己不斷尋找實習機會的經歷分享給大家，因為這是她感謝一路上曾幫助她的人最好的回饋。在她忙碌工作之餘，很認真地寫稿子，好多好多次妹妹B寶開心地出門旅遊，她選擇放棄休閒時光獨自在家裡奮鬥。偶爾A寶會思考：「寫這本書到底有什麼價值？」其實跟妹妹比起來，A寶是非常典型的迷惘Z世代。

Z世代是社會學家對一九九五年到二〇〇五年間出生的這一群人的稱呼，也就是現今十六到二十五歲的年輕人，他們出生時網路剛誕生，Google隨後註冊網域，而在求學成長期間智慧型手機問世，他們也是所謂的數位原住民，與隨時隨地上網的一代，網路與社群對他們有絕對的影響力。

社群媒體雖然帶來更多的連結與訊息，但同時產生的副作用就是容易讓人焦慮，除了不知不覺會跟看得見或是遠在天邊看不見的朋友比較之外，太多的可能性與太多的選擇，更讓人無所適從。許多研究都發現，更多的選擇並不能增加我們的滿意度，甚至相反的，因為我們不知道那些我們沒挑到的選項是不是更適合我們，所以就會對現在所擁有的事物失去了喜悅與滿足的快樂。

更不幸的是，這群正在或即將邁入職場的Z世代，恰逢新冠肺炎襲捲全世界，幾乎所有的企業與行業都受到波及，原本的計畫被打亂之後，面對的是混亂且更不可測的世界，身為戰後嬰兒潮及之後世代的長輩們，該如何了解Z世代的年輕人他們的徬徨與想法，A寶這本現身說法的《向世界投履歷——找到未來的自己》，或許值得大家參考，也希望能鼓勵如同A寶一般，同樣跌跌撞撞在不確定的時代中摸索前進的年輕人，能從這本書裡獲得勇氣。

時代變化太快，愈來愈不可測，沒有人敢斷言未來會是什麼模樣，也沒有人知道該做什麼準備，該學什麼知識或技能才會有個安穩的工作？面對這個不確定的世界，迷惘其實是正常的，鼓勵孩子勇於冒險，並不是為了找工作，而是找到未來的自己，那個自己也喜歡的自己。

如果一切都不確定，那麼不如放開比較功利與現實的考量，勇敢去追求每個人自己內心深處，那個能讓自己眼睛發光，每次想到就迫不及待想去做的夢想。

A寶在書中分享了我常常提到的，什麼是永遠不會失敗的夢想追求，她也在這本書的第三部分，第三章〈人生研究所3：當別人的禮物〉裡體會到：「希望我所到之處，也能帶給別人幸福，成為別人的禮物，或許是貼心地協助，或許是共享生命經驗，共創美好真誠的相聚時光。」這個當別人生命中的禮物，當世界的禮物，其實就是上蒼賦予每個人獨特天賦的原因啊！

隨著A寶跟許多人相遇的旅程中，她學到每個有夢的人，都會在生命中時時刻刻問自己三個問題：「做什麼事情會讓我的心在唱歌？」「我擅長做什麼？」「我可以為世界貢獻什麼？」相信這三個提問也將引領她找到生命中的夢想。

常常迷惘的A寶，在這六年獨自飛翔的旅程中，也找到她的信心，她的勇氣，從一個飄蕩的浮萍變成一片御風而行的葉子，或許她從歐洲回家前在記事本寫下的一段話，正是身為家長能送給Z世代孩子最棒的生命之禮：

漸漸地，我發現內心慢慢長出了一個家，我在世界有個家。

我是在風裡飄蕩的一片葉子，等待下一個機會，等待下一陣風。

我愛上我的生命。

推薦文一

我那個勇敢卻愛哭的姊姊

李欣恬
住院醫師

歷經二十五個年頭的「參與式觀察」，我敢跟你說，拿起這本書準沒錯，因為這是一本再誠實不過的「成長筆記」。

「妹妹，你覺得我出這本書的意義在哪裡？」姊姊與我總是直球對決，不囉嗦不客套，只是偶爾血淋淋。「裡面很多秘辛。」我說，這種書我一定會仔細研讀。「但是對別人有什麼幫助？」每個人的成長都無可複製，每個轉折及選擇也都鑲嵌在各自的生活背景、人生價值以及對生命的領會，我知道姊姊擔心的點在哪。「一定有啊！」那時剛從醫院下班，癱在外婆家沙發上的我，腦袋即將休眠，「故事裡面有很多寶藏要自己挖」，但姊姊顯然十分不滿意我的答案。好吧，現在正襟危坐在爸爸的書房裡，而你就在門外盯梢我的寫作進度，我要給你一個踏實而真摯的回答，「這本書好看、該看，就憑你是我那勇敢的愛哭鬼姊姊！」

「愛哭」，原本是我們用來調侃你的形容詞，然而，在你周遊列國闖蕩的這幾年，你竟然很猛的把「愛哭」活成了帶你飛翔的動詞。

在考基測前一晚上你扮成真子在蚊帳外面焦慮得睡不著覺，在大學考試放榜你不敢先看自己的成績所以先幫我看我的，在畢業前夕理當把握最後的芬蘭浴時光時，你卻緊張得開始視訊找工作……。成長的路上，縱使不是可歌可泣的挫敗，你也總還是跟大夥一樣，一路跌跌撞撞、對未來憂心忡忡。但你的「愛哭」讓你能溫柔地跟這個徬徨的世代「共感」。

所以先跟各位看官們預告，這本書不是那種什麼如何教你進入哈佛或申請百大企業的教戰手冊。新手爸媽們，這裡沒有你們想要探詢的虎媽戰歌；大學新鮮人們，這裡沒有讀書筆記以及面試準備攻略；一〇八課綱的小小勇士們，這裡沒有人生指南可以按圖索驥。然而，最難能可貴的，是你會看到一個也在迷惘也在摸索的「愛哭鬼」，帶著「溫柔的共感力」，突破自己，勇敢地「向世界投履歷」，成為「國民孫女」、「國際女友候選人」。

「妹妹，週末到了，記得給外婆打個電話喔！」「姊姊，基測閉關期間，我負責洗碗，你負責打電話。」在家裡，你是那個會鑽進婆婆被窩裡逗樂外婆，然後黏TT的被外婆攆走的孫女，關心全家動向，也關心有沒有人記得時時關心外婆。從政大山腳、中正紀念堂到花蓮國中，不管是文文靜靜的妹妹、坐不住不願寫功課的小男孩還是準備面試的中學生，你是那個能夠讓人服服貼貼，或者願意傾訴的大姊姊。「向世界投履歷」的準備工作，你很早就在暖身，從關心他人，關心他人的生活，關心他人生活困境喜怒哀樂開始。

而後，你的「溫柔的共感力」，也雜糅了看見議題的敏銳觀察力、發現問題的危機處理能力、關懷他人的行動力，也讓你結交了西班牙姐妹、比利時舅舅、義大利爺爺、非典型芬蘭人。這種共感力，複製不來，卻是這本「愛與勇氣之書」教會我最重要的事。

當我在宿舍讀共筆，在醫院會吱吱叫的鐵製值班床上補眠，隔著視訊螢幕，正是你那些一把鼻涕一把眼淚「向世界投履歷」的故事，啟發、激勵著我，給我無限創意。

從一個學生畢製延展出來的公部門年度活動、從一個工作坊拍攝志工，牽引出來的友誼與紀錄片……。你的夥伴與你，一起完成了許多不可思議的美妙故事。每次聽都像看一場奇幻電影一樣精彩，每次我也都恨得牙癢癢得，奇怪怎麼這就給你遇上了？

但，我知道，你的「向世界投履歷」一向不會失敗，因為你真誠的實踐著爸爸所說的：「有一種夢想永遠不會失敗，就是幫助別人。」

最後，感謝這兩年你多次拒絕玩樂的誘惑，終於深蹲出這本書，這將會是你給自己，以及給這些一路上幫助過你的人最好的禮物。

而我，感謝我爸媽，謝謝你們多給了我一個這麼棒的雙胞胎姊姊，讓我天天在愛與勇氣中學習成長，讓我看見另一條生猛勇敢的路，也多一雙翅膀翱翔世界。

推薦文一

典範孩子的獨立宣言

羅綸有
星展銀行董事總經理

這本書我幾乎是欲罷不能地一口氣看完，它記錄了我從小看著長大的Ａ寶，從十八歲到二十五歲這幾年中，從西伯利亞鐵道之旅開始，一場又一場的冒險，一次又一次的自我探索，她遇到各式各樣的年輕人，也激起了不同的生命火花，旅途中她不斷地思考、辯證，以及反省。

雙胞胎ＡＢ寶是暢銷教養書《教養可以這麼浪漫》裡頭的主角，從此也肩負了做為被教養者典範的艱巨任務，之後，在李偉文的教養系列中，她們也不時以各種樣貌出現，提醒著讀者正向成長的各種可能性。那麼，來自於自由家庭，擁有全然的信任與愛的Ａ寶，是不是足夠堅強，去面對未來的世界呢？一個台灣長大的孩子，能不能有足夠的勇氣和能力，去成為一個獨立自主的世界公民呢？Ａ寶做足了準備，帶著問號出發了。

「不愧對自己的幸運，唯一的方法就是，盡全力做你能做的」，Ａ寶明白自己成長環境的得天獨厚，她不讓所擁有的，成為下一個階段的障礙，所以只要找到機會，她就毫不猶豫地離開熟悉而肥沃的土壤，去測試自我的極限，她說「我身體裡一直有自己不知道的潛力，有一個理想的自己還沒完全生長」。這本書裡，我看到A寶必須面對的許多迷惘與挑戰，她逼迫著自己進化，像iOS一樣，不斷升級。

字裡行間，看得出爸媽在A寶心目中強大的份量，但是，「別讓任何人告訴你該做什麼，而是用自己的選擇，以及你完成的每件事，來告訴別人你可以做到什麼」，A寶不再以爸媽的意見作為唯一的參考，她勇敢地走到爸媽也陌生的國度，不管是芬蘭、義大利、法國、荷蘭、愛沙尼亞、還是中國大陸，去尋找自己是誰，去尋找內心的觸動，去尋找讓世界看見並感受到她存在的方式。這是一場壯遊、一場成人禮、一場跟父母告別的畢業旅行，也是一篇自我獨立的宣言。

我常覺得現在的孩子比我們那個時代面臨了更大的壓力，個人的發展不再像我們那個時代，有那麼可預期的模式，中國大陸以至於全世界，多出了數以億計的年輕人才投入競爭，而鋪天蓋地的資訊，讓孩子們窮於追趕。如何達到父母的期待，如何面對社會的框架，如何證明自己的價值，相信都是每位年輕人肩上的千斤重擔。

看到A寶的義無反顧，看到我身邊許多年輕人的努力與掙扎，我不禁要向他們致敬，也要跟他們加油打氣，希望從每個或大或小的挫折中能看到希望，從每個得來不易的成就中能享受到自豪，在旅途中能覺知到明媚的風光，與同行的夥伴能互相激勵。最重要的是，看清壓力的背後，其實有著更多的溫暖與祝福！

推薦文一

踩在每個精彩的鼓點

何振忠
聯合報系願景工程策略長

如果Alfa家有張地圖，應該已經釘滿大頭針吧！讀Alfa新書，我是按著地球儀對照看的，儘管Alfa在書裡形容自己是「浮萍世代」，其實她更是裝備好的「世界公民」。這本書是Alfa寫給二十五歲自己的備忘錄，也是送給跨世代讀者的「世界公民」參考書。

十多年前，我已經是Alfa、Beta（欣澄、欣恬）兩姐妹的讀者，她們在聯合報出版的《好讀周報》固定發表交換日記，十幾歲孩子已有早慧的獨立思辨，印象深刻。這是久仰。

兩年前在某個場合得知Alfa大學剛畢業，有意到機構裡歷練，於是約了見面，立刻被她對世界充滿好奇的靈動雙眼所吸引，並聽著她的奇幻旅程。這是親炙。

好奇心，是當記者的第一條件；當她來到「願景工程」服務時，再進一步見識了她的紀律。有關Alfa的經歷，過去多少聽她聊過，直到讀了這本「前傳」，才豁然開朗，Alfa何以練成Alfa，必須是這兩種特質的結合。這不是恭維。

也許是緣分，讓我也有了一份Alfa的履歷。我想：你敢投履歷，我就敢賦予重任，「願景工程」做的第一份年度公益報告就是請社會菜鳥Alfa做的；當我們需要一位影像記者到愛沙尼亞、芬蘭採訪時，也毫無猶豫交給她；去年（二〇一九）需要執行一部罕病紀錄片，我仍希望這會是Alfa的作品，當然，她總是如期如質給了我們超出預期的成績。

此前，還不算完全認識這位年輕人，只是從旁觀察，小自一個內部會議，大到一個專案執行，都可看到Alfa精密的計畫表，然後就見她分秒不差、按著節奏執行，像精確的敲在每個鼓點上，直到任務結束，是那種可以全然信任的夥伴。

始終好奇這樣的特質要如何養成？直到讀了書中阿爾托、利安的故事，才知道這個女孩會不斷從他人身上汲取養分，在世界冒險中持續練功。她也偶有焦慮，但專業、紀律，再加上對工作的熱情，讓她終能成就一件件作品。

據說，Alfa的衣櫃裡只有六件衣服，就我觀察，應該是真的。因為力行環保，Alfa和我們在公司裡午餐從來不用免洗餐具，你說這很普通啊，可我說這要沒有一天閃失，真的很難。環保意識的實踐，我所見到的其實只是後端，至於是如何內化到這女生的內裡，在書裡可找到線索。

特別有感的是讀到「一起從關係裡畢業」。自我認識 Alfa 開始，心裡就明白她不會留太久，這女孩想探索的世界太大，而她才剛開始。Alfa 和家人關係極為緊密，這章寫到她安排全家人在北歐旅行的內心思索，結論是世代間的依賴翻轉，女孩至此真正獨立，爸媽看到這裡，大概也只能「含著眼淚，帶著微笑」吧！

套句俗話，機會永遠是留給準備好的人，Alfa 敢向世界投履歷，證明了她的自信，也為青春 Alfa 留下在世界地圖上走跳的足跡。Alfa 在義大利段用了「開眼」二字，讓我想起布紐爾（Luis Buñuel Portolés）拍「安達魯之犬」用刀片割開眼球為觀眾「開眼」的經典開場；作為讀者，身為同事，也要謝謝 Alfa 替我們開眼。二十五歲的 Alfa 步步精彩，當你還在為她二十五歲的故事喝采時，其實她早已不知道又往下跑了多遠了。

推薦文一

不屬於那所謂的多數人

鍾子偉
關鍵評論網執行長暨共同創辦人

我依然清楚記得，六年前第一次見到Alfa的情景。當時，「關鍵評論網」是成立不久的新創公司，我們每六個月就會招募一批新的實習生。

實習期間，實習生可以依據自己的專長與喜好，選擇想參與的部門，包含編輯部、影音部、業務部或是營運部，同時我們把他們當做正職員工看待。我們認為，會來應徵的實習生應該是主動積極，並對於新創組織的一切都非常感興趣。因此，我們不希望實習生做像是泡咖啡或是影印等瑣碎的行政事務。我們盡可能地安排豐富的實習內容，希望讓實習生覺得他們就像是正職一樣地被對待，也藉此能完全了解正職所面對的工作內容與責任。

因此，在公司成立的頭幾年，我們就非常嚴格地面試、選擇每一位實習生。每期平均有一百五十位應徵者會來爭取十五個實習機會，通常來面試的是大三或大四學生，也不乏有畢業生來面試。

在這樣的背景下，一個午後，我遇見了Alfa。當時她已經通過不同部門經理的面試，我是最後一個面試她的。我永遠不會忘記，第一次看到她履歷表時的驚喜。那是Alfa上大學前的暑假，當年即將滿十八歲的她，是那年最年輕的申請者，也是我們公司至今最年輕的申請者之一。

對大部分的人，包括我來說，上大學前的暑假，是非常緊張的狀態。想著未來會見到的同學、不知道大學生活會是什麼樣、過度焦慮地想將來要選什麼課，怎麼安排週間生活……多數人應該不會有多餘的心思想要申請實習，甚至是面試到最後一關。多數人，即便是很有自信、非常積極主動的，都不會有膽量在還沒進大學就申請實習，多半時候，會等到大三或大四才申請。

但我想，Alfa不屬於那所謂的多數人。

整個面試過程，Alfa很有禮貌、溫暖地微笑，很真誠，帶有點年輕的天真，卻又非常有自信知道自己的興趣與想望。最後，她通過了面試，表現得不比任何比她大五歲或七歲的人差。面試尾聲，我問了最後一個問題：

你真的確定嗎？你根本還沒上大學。來關鍵實習，意味著必須每週來公司兩個工作天。身為一名大學新鮮人，你必須把學校課程濃縮在其他三天，你有自信可以做好時間管理，並且保證能兼顧好學業以及這邊的工作嗎？

她點點頭，給我了一個微笑。

後來證明，她做到了。儘管是那一屆最年輕的實習生，表現得卻跟其他人一樣好。準時、負責任，幾乎任何時候都掛著笑容，渴望體驗人生、學習新東西，不害怕也不猶豫。

從很多方面來說，我想在第一次遇見她時，就揭示了她是個什麼樣的人，以及接下來的人生。她將過程中所發生的故事，都寫進了這本書。書裡有她的精神，勇往直前，不會後悔，那個在每個經驗裡都全力以赴的過程，以及從孩提時候就追尋的夢想。她曾經是，也一直都會是令我印象最深刻的實習生。很開心能在她很早期的職涯中，當她的上司。

幾年後，我收到Alfa的一封訊息，告訴我說她已經畢業了，正面臨下一個人生階段，然後剛剛寫完她的第一本書，一本記載她過去這幾年經歷的書。我對著訊息微笑，就像是我第一次見到她的驚喜。多年後再次聽到她的消息，複雜的心情夾雜著驕傲，以及不是那麼意外的感覺。

驕傲的原因是，在讀完她這幾年經歷的故事後，我很驕傲看著她一步步到達她想要的，以及最主要的是她那勇於嘗試各種事情的勇氣。我覺得現代人很缺乏這種勇氣，多數人會選擇比較沒有風險的路。不那麼意外的原因是，想起多年前的那個午後，她來面試時的神情，我完全可以想像當Alfa面對各種人生挑戰時，那充滿能量、想要嘗試的好奇，以及不想留遺憾的態度。

我很高興能寫這篇序，很高興能祝福她，並閱讀她一路以來成長的故事。她，跟正在閱讀這本書的無數年輕人一樣，這個世代的年輕人有無數的冒險機會。我誠摯地祝福大家能踏出去、盡力嘗試、勇敢追夢。

祝福Alfa，以及那些正在閱讀這本書的所有年輕世代：享受每次冒險中的每一個片刻，沒有猶豫，不留遺憾。

推薦語　勇敢站在未知的邊緣

潘月琪
資深媒體主持人、口語表達訓練講師
《質感說話課》作者

如果你需要勇氣，對世界太快速的變化感到不安，對人性偶爾失望，對「成功」的定義困惑搖擺，請翻開這本書，這女孩的文字會再次溫熱你的心，擦亮你的雙眼，讓你看見實踐夢想、改變現況的無限可能。

Alfa的文筆如其人，像一顆勤於擦拭的攝影鏡頭，通透乾淨，清晰動人，映照出真實，也帶出喜悅希望。她所分享的每一段旅程，處處可見坦誠入裡的探索與自我叩問，以「提問訪談」串起職涯軌跡的我，也深受鼓舞共鳴，對這位「忘年之交」益發喜愛欣賞。

年齡、國籍、性別、地位絕非探索知識與瞭解人心的界限，當下獲得的答案，亦非智慧的終點。無論屬於哪個世代，勇敢站在未知的邊緣，保有對萬物的好奇心，付諸行動串起人與人之間的善意連結，未來那個更安在篤定的自己，將朝你而來。

推薦語　貼心又具同理心的女孩

蘇書平　為你而讀／人資商學院創辦人

認識Alfa是在她擔任「為你而讀」實習生的時候，她是一位體貼又具同理心的女孩，我還記得實習結束後還寫了卡片給我，讓我印象深刻。我非常喜歡書中提到的這段話「全球化帶來豐沛的資訊、多元複雜的社會提供我們更多的機會與選擇，但是太多的可能，反而讓我們更加茫然，就像浮萍一般。」但這也是許多人現在面臨最大的現實問題，「焦慮」與「茫然」這兩個數位標籤，似乎讓身處數位時代的我們變得更不開心。很高興Alfa用了七年的時間去探索這個答案的問題在哪裡？如果你也像浮萍正在為人生的方向迷惘，或者想從不同觀點瞭解年輕人，非常推薦這本好書。

推薦語　藉由出走向內心尋路

曹馥年　旅行作家

欣澄真誠寫出全球化下青年的迷惘——當世界不再遙不可及，最遠的反而是自己的心，眼前選擇無數，卻找不到方向感。她沒有站在原地躊躇，而是藉由出走向內心尋路，為自己與他人創造機會，同時帶讀者看見全球化世代靈活連結資源，跨域探索、無國界合作、游牧生活的多元可能。更令人好奇歷經 COVID-19 疫情淘洗後，迷惘卻又勇於 try and error 的浮萍青年，會將如何迎向新世界。

書中穿插的家書，飽含欣澄與家人之間的互信互持。歷練航道上每逢擱淺，一封封書信就像溫暖洋流，推動浮萍繼續乘風破浪，汲養分於天地。

推薦語　給年輕人一個勇敢相信自己的勇氣

何則文　作家

許多年輕人在這個變動的時代反而更加迷茫，不知道自己喜歡什麼，想要什麼，可以做些什麼。但A寶的這本新書《向世界投履歷——找到未來的自己》透過自己的經歷分享，讓我們跟著她一起航向世界，從她自我摸索的過程中，也給了很多年輕朋友一個典範。每一次與其他青年的對話，都讓我們看到屬於年輕人的可能性。人到底要為何努力？怎樣找到自己的天命？為世界留下什麼？A寶透過自我追尋之旅的這本書，帶給每一個年輕人一個勇敢相信自己的勇氣。

自序一

二十世代的迷惘與勇氣

「要不要一起去旅行？」

時間是二〇一四年六月，高中畢業典禮後兩天，我背著剛買的四十五公升登山背包，搭上穿越亞歐大陸的西伯利亞鐵路，展開第一次自助旅行。

西伯利亞鐵路？以一個剛畢業的高三學生來說，對西伯利亞鐵路的印象，就是地理課本裡那些為了考試而硬背的知識：西伯利亞鐵路是世界上最長的一條鐵路、貝加爾湖是亞洲最大的淡水湖、西伯利亞有針葉林、烏拉山是歐亞界山、新西伯利亞是西伯利亞工業中心……

西伯利亞到底長什麼模樣？什麼人住在那片土地上？他們過著什麼樣的日子？他們擔心什麼、企盼什麼？在充滿讀書考試的歲月，似乎無暇也不奢望能想那麼多。

然而，這趟旅程其實來自於一個「鄰人的邀約」。

申請大學的過程像是闖關，我是以學測的方式申請上大學，拿到學測成績後，還要經過申請並通過面試才算闖關完畢，若沒通過，就要再準備暑假的指考。四月放榜那天，我和雙胞胎妹妹緊盯著電腦猛刷頁面，看到我們的名字出現在各自的第一志願，興奮的尖叫聲震了整棟樓，引來樓下鄰居宜真探頭關心。

宜真是剛搬來不久的樓下鄰居，我和妹妹在讀書讀累時，偶爾會下樓串門子。宜真聽到我們因為已申請上學校，而有將近四個月的暑假，好奇地問了我們的規劃。宜真正逢轉職的空檔，有一段休息時光，在得知我們尚未規劃後問：「那，要不要一起去旅行？」

旅行？我們翻開世界地圖，已經五月了，接下來是暑假旅遊旺季，若沒有提早預訂住宿、交通，已經訂不太到了。「那來搭西伯利亞鐵路吧！搭西伯利亞鐵路只需付火車票，住宿費就能省了！」靈光一閃，我們想起那些曾經熟背的地名。

西伯利亞鐵路之旅

拍板定案，接著分頭找資料。西伯利亞鐵路網有三條線，主線從海參崴到莫斯科，蒙古線從北京經外蒙到莫斯科，滿洲線從北京經過中國東北地區到莫斯科，三條線都經過西伯利亞。

我們選擇途經三個國家的蒙古線，打算從北京經外蒙到莫斯科。我和妹妹把高中在《好讀周報》的專欄稿費當作旅遊基金，展開人生第一次自助旅行。兒時玩伴與妹妹的高中同學知道我們的計畫後，也想一起旅行，於是我們四個高中畢業生與樓下鄰居宜真，展開西伯利亞之旅。

宜真為這趟旅程命名為「Gap21計畫——與年輕世代的旅行對話」，在臉書上宣告：「我和四名年紀相差二十一歲的高中畢業生本週五即將開始一個月的西伯利亞旅行。我們將在FB上更新我們的西伯利亞旅行，也歡迎未來推薦你所認識的高中或大學生和我們一起旅行對話。而若你已是成年人，但對我們想做的事情有興趣，也歡迎你關注我們的行動。」

西伯利亞鐵路從頭坐到尾，需七天七夜。從北京出發，坐了一天一夜的車後，我們選擇在蒙古的首都烏蘭巴托（Ulaanbaatar）下車停留。期待見到草原「天蒼蒼，野茫茫，風吹草低見牛羊」的景象，然而一到烏蘭巴托，眼前的景象，令人吃驚。不見風吹草低，只見高樓林立。漫步在大街上，日式壽司餐廳、印度餅餐廳、義大利餐廳等，要找到真正道地的當地食物，得繞到非主要道路上才得尋覓。驚訝烏蘭巴托也受全球化的影響，市景與一般的城市相似。

蒙古國有三十多個國家公園，事先我們報名當地的生態旅行社，由當地人帶我們走訪各個國家公園、入住蒙古氈房體驗當地居民的生活。

蒙古的青年刺激了我們

第二天一早，丹尼（Danny）來到青年旅館，與我們會合。丹尼是我們接下來五天的導遊，將帶我們到不同的國家公園，拜訪牧民。第一眼見到丹尼，戴著太陽眼鏡、高壯身材的他，馬上跟我們寒暄，言語間流露出成熟老練、精明世故。上了車，一脫掉眼鏡，咦，丹尼看起來好年輕喔！詢問後，才知道丹尼與我們同年生！一方面覺得緊張，接下來幾天的性命就要交到丹尼手上，一方面開始好奇起丹尼的背景。

即將進入大學就讀觀光相關產業的丹尼，同樣剛高中畢業，利用暑假打工，期待在賺錢之餘，鍛鍊自己的英文能力，也期待找到自己的方向。

第一站我們來到特勒吉國家公園（Terelj National Park），出了首都，便見溪流邊有排綠樹，映襯在山岳、藍天、白雲之中，地理課本裡的照片，就出現在眼前。丹尼告知我們接下來兩天都要以馬代步，因為營地之間沒有馬路，車子無法行駛，我們要騎馬穿越草原，才能抵達下一個營地。第一次騎馬的我們都有點緊張，在與牧民們比手畫腳一番後，大家終於坐上了馬鞍，準備出發。

在馬背上搖晃著向前，是既興奮又緊張的感覺，在馬兒的踢踏前進中，努力專注於前方，想穩住自己，卻忍不住受到旁邊更寬廣的視野所吸引。

往後幾天在草原的旅行，與丹尼越混越熟，互相開起對方玩笑。因為丹尼的關係，我們開始注意到途中所遇到的年輕人。

騎馬之旅結束後，我們到格拉漢特自然保留區（Gun-Galuut Nature Reserve），抵達時已傍晚，遇到一群在自然保留區暑期工讀的學生。同樣是剛高中畢業的他們，來到國家保留區，實習之餘，認識來自世界各國家的旅人。丹尼說，到國家公園、保留區或是旅行社實習，在蒙古國是很普遍的，因為暑假季節會有來自世界的遊客，來到這片草原上。丹尼認為，這是一個很好的方式與機會，認識世界。

蒙古的青年刺激了我們，好像可以開始嘗試做更不一樣的事情；無邊界的草原上，也令我們思考，世界好像很大，該開始探索它。

浮萍世代的觀察與迷惘

五天的旅程，短暫而豐富，丹尼送我們到烏蘭巴托火車站，告別了丹尼，我們繼續火車之旅。

陸路旅程，時間很多，火車上沒有網路、沒有電視，甚至沒有音樂。在成長路上，我們接收太多來自外界的聲音，沒什麼機會跟自己對話。漫長的鐵路時光裡，大家都很珍惜這樣能跟自己或是能彼此真誠交談的時間。

有天，我們聊到世代。宜真在跟我們相處這麼多天後，好奇地問：「如果要你們填空，說你們是○○世代，你們會怎麼填？」

想到丹尼與在蒙古見到的青年們，再對比自己，我們一致認同，全球化帶來豐沛的資訊、多元複雜的社會提供我們更多的機會與更多選擇，去思考自己適合的方向。理當獲得極高自由的我們，卻常對未來感到茫然。這看似矛盾的原因，或許是因為有太多的選擇讓我們不知道要怎麼辦，像個浮萍一樣。因此我們認為自己是「浮萍的世代」。

我帶著這份觀察與迷惘，繼續接下來的旅程、追問下去，而這旅程一走就是七年。這本書就是這個追問之旅的日記。一開始只是單純想把探索前後的迷惘與生活寫下，忠實記錄自己的情緒，也重新檢視與反省每個選擇背後的故事，每個機會背後的起承轉合。

這本書共有四個篇章：裝備、出發、機會、課題。就像一趟旅程，準備好自己、整裝上路，接著帶著問題，出發找答案。過程中遇到許多機會，最後終究要回家，面對自己的課題。

西伯利亞之旅出發前，爸爸借給我一台他使用多年的掌上型小V8攝影機。一開始我拿著它，毫無意識地興奮狂拍，路人、火車、所到之處都不放過。記得那是在邊境停靠站，提著水果、麵包、乾貨的小孩在火車窗外巡迴兜售食物。我的鏡頭才伸出車窗外，所有人馬上避之唯恐不及、一哄而散。我很錯愕，漸漸發現，拿攝影機是一個殘酷的特權，看著鏡頭，反覆地問自己，看到什麼又為何而拍。許多時候我連拿出攝影機的勇氣也沒有。

然而，慢慢發現了它的力量。小V8像是一座橋梁，一個讓我轉換視角的媒介。在蒙古草原上望著牧民與一片翠綠，牧民小孩見到我的小V8，對著鏡頭微笑。忘不了在蒙古草原上一個快樂的小女孩，為何吸引我的注意，好奇我們的一舉一動。透過螢幕，看著小女孩的我，也被她的微笑給感染。這樣的魔幻時刻，交錯在旅途中。

於是帶著小V8，鏡頭對向世界，戰戰兢兢踏上探索之旅。

在蒙古草原上晚上九點還在發光的蒙古包

研石造物簡介影片

紀錄片《共設時代》
預告片

PART 1

裝備：準備與學習

在這四十天裡，體內好似進行了一場軟體更新，更新成2.0版的自己。得到更多的勇氣，那種感覺好像是在向世界投履歷呀！裝備好自己，接著向心儀的單位或是人，投出自己，不管在世界哪個角落，投出一個對話的機會。

有一種夢想不會失敗

＃真正能深刻持久的目標通常都是因為想為別人謀求幸福
＃每當我煩惱時想起那些在荒野穿梭的身影就覺得自己的煩惱渺小無比

荒野裡的童年

我和雙胞胎妹妹還在媽媽肚子裡那年，爸媽與朋友開始籌備荒野保護協會，因此我們是不折不扣的「荒野小孩」，滿週歲時，荒野也一歲了。我們跟著荒野一起成長，荒野帶我們去發現，屋頂之外，那整片的星空。

溯溪浮潛時親見自然的奧祕、沿著步道做自然觀察時，那萬物靜觀皆自得的體悟、跟著爸媽上山下海、遊行宣傳理念。一年又一年，荒野變成越來越有規模的環保團體。

滿二十歲之際，我接到一個任務，要一起企劃荒野保護協會二十週年的出版刊物《荒野的孩子》一書。二十歲，是一個人轉為成年人的時候，荒野號召我們這群從小在荒野成長的小孩擔任寫手，探訪十六～三十五歲，在學生時代曾接觸過荒野的青年與家庭，記錄他們因為接觸荒野而改變的故事，做為給荒野的二十歲生日禮物。

「幫助別人」的夢想不會失敗

執行任務前，細細回想荒野經驗影響了我哪些價值觀與習慣，包含：耐得住熱、耐得了髒、追求一個比較簡樸的生活、約會地點選在野外的次數勝過室內、衣櫃裡二手衣多過新衣……但影響最大的還是爸爸曾經分享的一句話。

社會氛圍鼓勵我們追尋自己的夢想，不要怕挫折、不要怕失敗，坊間常看到各種鼓勵追夢的勵志書籍，看著身邊優秀又有想法的同學朋友，也對追求什麼夢想感到迷惘。爸爸也是鼓勵我們追求夢想的其中一員，但是他說：「常常我們追求夢想，會失敗，但是有一種夢想一定不會失敗。」

爸爸解釋，「幫助別人」的夢想一定不會失敗。不管我們的能力高或低，運氣好或不好，隨時都能幫助別人，不像其他夢想需要有許多不能確定的因素來促成。在助人與服務的過程中，因為把對自己的關心轉移到對別人與社會的關懷，自己的痛苦就會立刻減輕，生命也會立即開展，同時也能獲得心靈的平靜。真正能深刻持久的目標，通常都是因為想為別人謀求幸福。

這個「別人」，不一定是具體的人，可以是環境、某個議題、某個行動。

編採《荒野的孩子》時，在「荒野人」身上體會到付出的涵義。看到洋溢著熱忱的叔叔阿姨，致力於自然解說、棲地保護、環境教育……他們有很多身分，可能平常是不同領域的專業人士。每次我聽到叔叔阿姨的職業都會很驚訝，因為總覺得怎麼跟我平常看到的老師、工程師、律師等，好像都那麼不一樣？後來我發現，原來一個人除了職業，還可以有另一個分身，叫做「志工」！

上高中時，開始流行結合公益活動和旅行的「公益旅行」，讓旅行者體驗不同的文化與生活之餘，能更主動地為在地創造不同的可能性。曾與朋友報名公益旅行，到北海岸的安養院陪伴長者、協助地方環保單位進行資料數位化。除了公益旅行，在政府與民間的推廣與補助下，有許多偏鄉服務社團、海外志工等各式機會與活動。政府大力推廣，現在，參加志工活動可以是申請大學的加分選項，當志工好似成了一種基本活動。

但在這些荒野人身上，看到志工是一種生活，是一種對生命的態度。在下了班的數學老師身上，看到要如何有勇有謀地，打造五股溼地；休假的台商與溫柔的鋼琴老師，示範了什麼是溫柔的抗爭，如何執著且堅定地表達訴求，成功為台灣留下水漣淨土。荒野裡的志工，身體力行告訴我，生命的厚度是可以有很多層次，生活步調的調和，源自於生活的歷練與用心感受。

二〇一五年寒假，出發，去尋找各地荒野的孩子。我們探訪了一個個荒野家庭，看到不擅於交際的，在自然裡找到窗口；不懂得體諒的，在自然裡找到夥伴、學會包容同理；家庭關係失調的，在自然裡重新認識彼此。而更多的是，因為認識自然，開始去參與社會、影響另一個生命。

過程中，不斷應證爸爸所說的「有一種夢想不會失敗」的概念。並帶給我很大的影響，也在心中種下比較良善、不汲汲營營的種子。每當我煩惱時，想起那些在荒野穿梭的身影，就覺得自己的煩惱渺小無比。

踏入最好的時代

#世界上還有很多選擇是我們無法想像的啊人生其實條條大路處處驚奇
#定義我們的不是別人的看法而是我們的行為

我有一個公醫妹妹

妹妹是國防醫學院的代訓公費生，西伯利亞之旅結束後，她緊接著參加入伍訓。七月底的高雄炙熱無比，妹妹已進鳳山陸軍官校受訓一個多月，懇親會當天恰逢暑假最熱的一天。

那天的高雄鳳山陸軍官校，氣氛很特別。沒有軍營的肅穆，只見營區裡，來了各式家庭，上演著一齣齣溫馨無比的家庭劇：有擁抱的、流淚的、擦淚的、喜極而泣的，幾乎跟淚水脫不了關係。

我進了營區，準備到指定的教室把妹妹領出來。暗藏小V8攝影機，期待捕捉到妹妹的眼淚。

把她從部隊領出來時，只見剃了小平頭、身穿標準草綠軍服的她，興奮地衝了過來。第一句話不是說：「喔～姊姊我好想你！」而是：「姊姊你有帶冰來嗎？你帶什麼口味的冰？我好想念冰！」眼眶不僅完全沒泛紅，還笑得無比燦爛，帶著我們參觀營區，並且說學逗唱地說起訓練的各種奇聞趣事。

參觀途中，偶見教官或是學長姐經過，妹妹馬上收起笑容，立正稍息，以有力的嗓音說：「學長姐好、教官好！」我們在一旁看得目瞪口呆，俐落的動作，跟入伍前差好多。

妹妹說，入伍訓比夏令營好玩，因為是「三軍九校聯合入伍訓」，共有三千二百多名學員一起受訓。八人一寢室，室友來自陸、海、空、理工學院、管院，因此有機會遇見各方豪傑。

比方，在訓練的過程，認識了一位空軍官校的學生。妹妹說，他是大學儲備軍官，念完四年台北體院，仍放棄不了他想當飛官的夢想，所以選擇念完大學，再來念飛行官，以洗刷四年前一分飲恨的傷痛。「他就是那位不可思議，智測差一分滿分，九十九分卻上不了軍校的人！」「世界上還有很多選擇是我們無法想像的啊！人生其實條條大路處處驚奇，人生沒有用不到的經歷。」邊逛邊走時，妹妹感嘆。

妹妹一心想讀醫，爸媽怕她太辛苦，暗地裡希望我能勸她打消念頭。但愛讀書、務實的她喜歡看有實質知識內涵的書，讀醫學院正好滿足她的渴望。另外，妹妹之後想選外科或急診，因為想當一名無國界醫生。看著她能為自己的選擇負責，並非常開心堅持下去，心裡非常為她高興。

對比於妹妹的堅定，我一直對於自己「有沒有選對科系、傳播到底有專業嗎？」感到迷惘、不確定。妹妹選擇一個不用擔心就業的行業：醫學，而我選擇日新月異的傳播，雖然很喜歡所學，但天生很有焦慮感的我，平均每一季都會面臨情緒低潮。

無比自由的環境

「這是最好的時代，也是最壞的時代；這是智慧的時代，也是愚蠢的時代……」狄更斯的名句，好似套在每個時代都適用，每一個時代都有個自己需要面對的挑戰與困境，也都有屬於自己獨特的機會。

這個時代，不像是之前的父母輩或祖父母輩，有簡單、清楚、較單一的價值觀做為日常生活行為的指導準則。我們生活的這時代，反對一切的權威與約定俗成的價值，需要自己重新建構自己的價值觀與行為準則。我們可以選擇自己的信仰、自己的價值觀，甚至可以質疑、可以反對、可以批判。

還記得大學面試時的題目，幾乎都跟太陽花學運有關。二〇一四年三一八太陽花學運，學生佔領立法院，有評論者說，太陽花學運是一場由網路世代的年輕學子所發起的網路媒體戰。這場戰爭，徹底超越了傳統媒體的思維與能耐。網路催生一系列新興傳播工具，包括：社群媒體（如Facebook）、直播平台（如Ustream）、網路影音（如YouTube）、部落格（如Blogger、WordPress）、協作平台（如Google Sites、Hackpad）等。這些工具全都簡單、免費而且強大，讓改革者能夠輕鬆地打造自己的媒體、交流彼此的訊息、串連集體的力量，強有力地挑戰大眾媒體。

太陽花學運後，網路媒體興起，甚至更加蓬勃。這一切，就在我要進大學前夕發生。

因為迷惘，所以直接到現場：進入關鍵評論網

暑假期間，妹妹入伍，而我花了很多時間搜尋自己適合的新聞平台，其中

「關鍵評論網」是我每天必會到訪的媒體網站，我喜歡其分類的多樣與文章的深度。關鍵評論網成立於二〇一三年八月，由於對現今媒體不滿又想要做出一些改變而成立。目標是除了陳述事實之外，還能夠提供多元、不同的觀點，在不同載具上提供優質的內容，也讓社交網路世代的使用者，能夠更直接的分享、討論和參與他們有興趣的議題。

就在暑假最後一天，我看到關鍵評論網在招募實習生，趕忙寫了人生第一份求職履歷。說明我是多麼想進媒體現場實戰與貢獻。通過了筆試與面試後，興奮地展開第一年進入真實媒體現場的磨練，開始了每週兩天的實習生活。

學校到關鍵辦公室隔著一個隧道的距離，要實習的早上，我習慣在等公車前，先跟校門口的小攤販買個飯糰與豆漿，接著在等待公車的空檔，打開手機，邊吃飯糰、邊消化當週的新聞。上了公車，公車很快地開上信義快速道路，心裡計算，大概還有十多分鐘的時間，可以轉換模式，因為公車出了洞口便可看到一〇一大樓，也就要到公司了。

從位在山腳下的學校移動到商業大樓集聚的信義區，這段公車時光，成為了一種儀式，每當公車出了隧道洞口，迎面而來的商業大樓，就好似張開雙臂，隱約地對我說：歡迎來到真實的世界。

在關鍵評論網實習，我最重要的工作是在編輯部與影音部，整理、編輯、剪輯當日重要的新聞。在閱覽各大報、各種網路媒體後，要找出幾則「重要、值得推薦給讀者」的新聞，寫出我們認為這個新聞重要點在哪，並跟直屬主管討論後撰寫、發布。

魔鬼藏在細節裡——寶貴的實習時光

「簡單的事情重複做，做久了就不簡單。」日復一日搜尋、寫稿、編輯、修改……也是這個精神，讓我看到自己的弱點，得到實習中最棒的禮物。每篇文章，編輯總是犧牲自己的時間跟我說明我的缺失。

記得有一次，我想藉由業者將保存期限僅半年的果醬竄改成一年的新聞，討論保存期限的意義，以「身為消費者的我們，在購買食物時除了注意有效日期外，購買接近有效期限的食物將有助環保。」為核心，除了引用政府單位數據，也找了許多其他的媒體報導與評論，來佐證有許多接近保存期限的食品會被丟棄。

文章發給主管後，主管馬上抱著筆電走到我的位置旁，說：「這篇文章你這樣寫也是可以發出去，但是我覺得你學不到東西，反而會養成寫作的壞習慣，只是把事件列出來，沒有進一步分析……」說完便坐下來，耐心地帶著我一起重建文章架構。

後來我多加上了怎麼預防與改變此現象，包含消費者因為預期心理，而影響購買行為，習慣選擇距離有效期限最遠的商品。然而，在保存期限內的食物皆在安全食用範圍內，當我們選擇購買那些距離保存期限較遠的商品，將無意間造成糧食浪費。短短一篇不到二千字的新聞專題，主管花了一週引導我。

在主管的把關與指導下，我看到魔鬼藏在細節裡，學到做事的態度。除了熱情，還必須非常務實，專注地投入，並且擇善固執。

還記得，第一天進公司自己製作的影音新聞就能上線的驚喜，撰寫的文章在FB上被人轉貼得到肯定的開心，搭公車看到公車電視上正在播自己製作的影音新聞時的驕傲。

實習的最後一天，與一同實習的實習生，到公司唯一可以看到一〇一的頂樓拍照留念。晚上，主管傳一段鼓勵的話：

畢業季的到來，也代表又有一批同事要邁向下一個階段，想送給你們的是：定義我們的，不是別人的看法，而是我們的行為。祝福你們，從踏出門口的那一刻開始，別讓任何人告訴你應該做什麼，而是用自己的選擇，你完成的每一件事，告訴別人，你可以做到什麼。

我將此話寫在筆記本扉頁，為這段實習時光，留下注解。

義大利：眼睛被打開

#提醒自己不要把自己放得太大要把自己縮小
#當你走過請你展露最多的笑容因為你只能走一次

成年禮的事前準備

若成年禮的定義，是透過肉體和精神上的考驗，鍛鍊一個人如何克服苦楚，並且也象徵從被照顧的角色轉換為照護別人的角色，變成更獨當一面的人。那萬萬沒想到自己的成年禮會是跟著總共六人的團隊，在人生地不熟的義大利，勇闖四十天。

這是一個現在想起還是會冒冷汗，緊張的旅程。

身為學生，最大的福利是總有許多校外比賽可以參加。在大一課堂中認識的廣告系學姐佩玲，知道我喜歡寫文章、曾在關鍵評論網實習，於是找我一起組隊。我們的目標是要在民間單位「世界公民文化協會」舉辦的「有任務的旅行」比賽，拿到免費的機票，其他成員有政大廣告系的家辰。因為必須以五人一組報名，我們在網路上徵人，最後找到了北科大建築系的育瑄，以及北科大工業設計系的家瑜一起組隊報名。

世界公民文化協會舉辦的「有任務的旅行」比賽，是當時熱門的競賽，每年提供一定名額的學生機票，去探索世界。主辦單位已設定好題目：「拜訪一百個世界領袖」，參賽者必須選定自己想投入的主題與角度，企劃案必須包含，要訪問哪個世界領袖、目的及原因。

任務啟動

我們選定的任務主題是設計產業，具體任務是要拜訪有「設計教父」之稱的義大利設計師「吉李歐．卡普里尼」（Giulio Cappellini）。會選定這個主題，著實是誤打誤撞，也是大家興趣的交集。最後我們拿到了機票，出發。

吉李歐是義大利家具產業卡普里尼公司的二代，接手家族企業後，與非常多年輕設計師合作，在一九八〇年代，帶領家族企業與尚未展露頭角的年輕設計師走向國際，並且跨足家飾與室內設計的事業，也是因為這樣，他被稱為義大利設計之父。

我們展開為期半年的田野調查，拜訪家飾設計、品牌代理商、學者，最後決定以設計及製造為兩大主軸。我們想藉由卡普里尼公司的經驗，了解製造業如何與設計師合作，以及義大利設計師與製造者之間的故事，包含彼此的合作模式與創新的想法。

我們決定以紀錄片為表現形式，除了記錄尋找答案的過程，也藉此不斷思考並叩問自己。為了讓內容更豐富，我們打開義大利地圖，以米蘭為中心，向外延伸，卯起來海寄電郵，介紹我們團隊與計畫，希望能採訪到更多設計師與製造師傅的故事。

只寄信，真的可以邀約到義大利的設計師嗎？雖然抱持著懷疑，我們也沒有別的方法，只能放手一搏。但是，要怎麼聯絡到吉李歐？

為了聯絡吉李歐，我們可是用盡心機，兵分兩路進行。一邊拜訪卡普里尼公司在台灣的代理商，並請之協助寄信；一邊是請吉李歐任教的學院馬蘭戈尼學院(Istituto Marangoni)台灣辦事處協助聯繫吉李歐。兵分兩路下，終於在計畫發想半年後，約到了吉李歐。

重頭戲「訪問吉李歐」搞定了，接下來的挑戰是「籌備資金」。負責募資的夥伴，列了滿滿一張Excel表，準備一份裝訂精緻，詳細列出動機、架構、內容的企劃書，到任何可能與義大利沾上邊的商家拜訪，甚至還拜訪了酒莊、義大利餐廳等。

拜訪了數十間店家後，我們歸納不能只是單向地去拜託人家贊助，沒有人有義務要平白幫助我們，一定要拿出相對應的互利方案，重點是要提出回饋方案。募資過程不是很順利，因為要人家拿出錢來真的很困難。甚至還曾遇到老闆說：自己要去義大利，就應該自己付錢，你們是學生，應該自己去打工、賺取旅費呀。當下聽到，也覺得為什麼不去打工？搞不好兩者投入的時間成本，差不多！一度困在這樣的想法裡。重新思考募款的意義，透過每一次的募款，重新梳理動機與理念，唯有自己相信，才能說服別人。

一日夥伴靈機一動，想到可以跟兩大黨團的青年部申請經費，寄了企劃書過去。兩大黨團說，對方贊助多少，自己就會贊助多少。其實我並不是一個喜歡去募款的人，但在募資的過程，反反覆覆釐清了自己很多的想法，也讓我更堅定初衷。

比錢更重要的事

找好錢，接著是排行程。紀錄片想要探討設計與製造如何共同合作，我們已找到了義大利設計教父當作紀錄片主角之一，但若要探討地更深入，紀錄片必須要有更多的採訪對象。沒有人脈、資源，只有傻勁的我們，秉持著募款找資金的精神，找受訪對象。夥伴同樣地列了表，首先以材料分成幾大類：木材、金屬、玻璃等，再細分區域：義大利的北中南，寄出電郵。

因為設計教父吉李歐答應拍攝，所以當我們再邀約其他設計師時，就順利多了。其實我們沒有太多選擇，陸續取得設計師的同意後，接著判斷，有沒有配合的製造廠、配合的製造廠是否也允許我們拍攝。最後，再組合這些同意的名單與採訪時間，初步的行程表就擬定了。

我們也保留了將近兩週的時間在米蘭，預計留在首都有更充裕的時間，可以參觀藝廊或是設計學校，也因為吉李歐的行程太不固定，我們怕有意外。過程中的確發生了小插曲，預定採訪吉李歐的前幾天，吉李歐的祕書來訊說，他臨時有事要離開米蘭幾天，希望改成線上採訪。

看到訊息的當下，我們都傻了！好險我們有預留兩週的時間在米蘭，馬上回訊說，我們接下來十幾天都會待在米蘭，可以等他。可能是被我們的堅持感動，最後成功約到吉李歐。還記得訪問完吉李歐，走出展間，如夢一般，大夥趕快到隔壁的冰淇淋店，吃一口冰淇淋，提醒自己要從夢境回到現實。

最後敲定拜訪五位在地設計師及其配合的製造廠、設計教父，以及兩位設計評論家。走訪了六個義大利城市（米蘭、貝魯諾、卡拉拉、特雷索、威尼斯、皮他山特拉），企圖探索呈現理想的合作模式與藍圖。

經過超過半年的籌備，拍攝紀錄片的計畫雛形越來越完整了，只差攝影師。最後找到一位很有經驗的業界攝影師家祺哥，團隊成員確定，湊成六人的小劇組。經過分頭寫企劃、找資源、募資、聯繫受訪者、安排行程、構思影片敘事，四十天的拍攝行程終於底定。在二〇一五年八月出發，準備去義大利拍攝紀錄片《共設時代》。

只有好奇心是不夠的

「在義大利，女孩過了十二歲我們便不會問年齡，因為那是極不禮貌的事情。」

「吼！那你和你朋友為什麼還問我們年齡？真是個壞房東。」

「因為我們實在是太好奇你們的年齡了，你們看來很年輕，卻感覺煞有其事地來義大利拍片一個多月。」房東湯米（Tommy）一邊吐著煙，一邊說起對我們的印象。

他，不是第一個打破傳統，問我們年紀的義大利人。事實上，我們所遇到、所合作的每組設計師、每家製造廠、每間藝廊，看到我們穿著輕裝、臉頰還殘存青春痘，一見面便先驚嚇個三秒鐘，然後說：「哇，我沒想到你們會這麼年輕。」「你們幾歲？感覺好年輕喔！啊，還是不要問年齡好了……（隔了好幾秒）……你們幾歲呢？」

採訪計畫期待能完整記錄設計師的作品理念、生活哲學及產品的製造、銷售過程。對我來說，常覺得自己還是非常不足，採訪時沒辦法抓到問題的核心或脈絡。以前會認為「只要有好奇心，萬事不難」，但是要做好讓受訪者感動、不愧對自己的採訪，除了好奇心之外，重要的是做足準備，而準備也包含經驗的累積。

曾經有幾次設計師坐在面前，我卻想不出要問什麼。我沒有好奇心嘛？有啊，但是單有好奇心與傻笑有什麼用？肚子裡的墨水不足啊！吐不出與之對等的內涵。哎啊。好。難。受。過程中感到的不舒服與不自在，是考驗，也是很好的學習，讓我烙印下這種感覺。

在錯誤中學習、在刺激中反省，是從小聽膩的大道理，但是此刻我才深深體會到不斷的練習、反芻、再練習是學習成長最關鍵的歷程。

成為一個「小媽媽」

團隊中我扮演的角色是製片，在分工裡製片的角色相當於保母，要確保大家安全、安排三餐、住宿、交通，讓拍攝流程能順利進行。大家笑說，年紀最小的人當團隊的保母！

原本對製片的工作充滿浪漫的想像，低估了製片工作的瑣碎與重要，在異地，才逐漸體會到自己將承擔的責任。擔任製片，讓我有更多的機會，彎低身子，更深或是更抽離地看團隊運作。

一開始內心難免嘀咕，為什麼這也要我做，為什麼不能從簡。比方我可以餐餐吃同樣的食物，很久才洗一次衣服，但自己一人行動和團隊行動是不一樣的。我必須理解個別的需求，例如：住宿點是否有洗衣機，或搜尋附近最近的洗衣店當備案；若住宿點只有一間衛浴，依照隔天的工作安排洗澡順序。後來慢慢觀察、學習大家的做事方式，體會到那些我原本嘀咕的工作，本該就是我的責任。每個角色都有他的壓力與困難，只有扮演好自己的角色，團隊才能有最好的表現。

才剛踏上米蘭的土地不到一小時，我就被轟得體無完膚。行前我在租車網站，訂一輛九人座、附導航系統與自排的廂型客車。到了機場航廈取車處，被告知原先的訂單出了狀況，沒有自排也沒有導航系統的車種。然而出發前，我完全沒查如何從機場到距離四個小時車程住宿點的交通，直覺地想說在導航系統裡輸入地址，再照著顯示的地圖開即可。傻乎乎地以為事情一定會很順利地，沒有預先設想可能發生的各種情況，而造成團隊潛在的危機。

又或者一日，我們從早拍到下午，收工後餓著肚子開車去城裡覓食。到了餐廳門口，停好車，下車盤點器材，才發現最重要的昂貴攝影機還放在拍攝地點沒拿上車！大家急忙上車，掉頭回最後訪問的露天石材工廠。豈料開始飄雨，大家更緊張了，卻發現，我們不知道工廠的地址！

理當製片要掌握並熟悉有關拍攝現場的一切狀況與資訊，怎麼可能會沒有留存工廠地址！當下被震撼教育，懊惱之餘急忙翻著往來信件，一邊聯絡受訪者，大家也一起回想行車的路徑。好在拼湊大家的記憶，我們竟然找到了石材工廠，看到攝影機依然穩穩地立在石頭上的當下，馬上紅了眼眶。

每個事件的發生時，我都很懊惱沮喪，但是這些經驗讓我成長許多，一次又一次逼著看見自己的無知、經驗不足、輕忽細節的壞毛病。了解自己的問題，不要害怕面對它，尤其是當別人碰觸、或是揭開缺點時，趕快改正。提醒自己不要把自己放得太大，要把自己縮小。

當你走過，請展露你最多的笑容，因為你只能走一次

慢慢漸入佳境，有一天趁著訪問進行到一個段落，我拿著受訪者建議的披薩清單偷溜出去，在沒有公車的鄉間，走了幾公里到披薩店。披薩店正好準備營業，廚師笑著看著我，老闆接過我的清單一邊叮囑員工要開工了，一邊開燈。整間餐廳沒有人會英文，我會的義大利文僅限於你好與謝謝，等待餐點的過程，廚房裡的廚師一直對我拋媚眼，並咕嚕嚕地說著一連串話好似想跟我聊天。我拿出Google 翻譯，有一搭沒一搭地跟他對話。當下的感覺很奇妙，感覺自己逐漸能掌握流程了。

旅程前兩週，太忙所以沒有打電話回家，兩週後，找到空檔打回家報平安，聽到電話那頭的聲音，想到旅程至今的種種蠢事，竟然就哭了。隔天中午，接連收到三封 E-mail，爸媽妹妹像是說好的一樣。

妹妹說：

Alfa lee 你怎了？

哈哈哈 你加油啦！

一定會碰到一些麻煩啦！

就像是小弟弟[1]說的：「你ㄍㄧㄣ得住嗎？」

加油加油！

爸爸分享了自己的經驗：

加油！或者說要繼續撐下去！因為你們已進入旅程的三分之二。

據研究統計，從兩個星期到兩個月的短期國外行程，團隊最難熬的是中間三分之一的時間，所有的爭執、都會在這個階段爆發。原因是剛出國的頭些天，每個人都會精神飽滿且全神貫注的面對許多新鮮的事務，即便遭遇挫折不順遂，還有體力與意志力來面對。只是人的意志力與體力都是有限的資源，人在陌生環境，尤其你們是執行任務，一個又一個難關要面對，緊繃的情緒，撐到十多天，精神疲乏耗盡，在沮喪困頓之下，彼此的摩擦與爭執就無法用精神意志力來克服。

這也是大部分團隊都會面臨的困境。

不過，一定要撐下去。

睡得飽，吃得好，是養足體力的基本要求，至於精神面就要不斷提醒自己調整心態。人在困頓時，對於「公不公平」、「為什麼是我去做」、「又不是我出差錯」、「為什麼我那麼倒楣」……這些負面的思想就像啃食我們心靈的小老鼠，點點滴滴，不注意就會使我們崩潰，說出會讓自己後悔的言語。

爸爸在荒野初期，面對許多人事糾葛、紛爭時常常會有「所為何來」、「不如歸去」的感慨，但是一定要撐下來，因為，我們都知道，只要撐下來，我們勢必會脫胎換骨，這段經歷也是自己生命中難得的養分。

如何撐下來？要不斷回顧自己的初衷，想當初為什麼要做這件事？我們大可以一開始就不做這件事，在家享福耍廢，既然要做，一定是希望自己能從中學到一些東西，希望能做點有意義的事。那麼這些初衷還在，我們就要克服中間必然的痛苦。

註1　小弟弟是妹妹大一暑假陪伴弱勢兒少課輔機構騎車環島的孩子。

你還記得爸爸在《迷路原為看花開》書中的一篇文章所提到的，我在學生時代，擔任社團幹部時，就在案頭提醒自己的：

當你走過，

請展露你最多的笑容，

因為你只能走過一次。

媽媽的叮嚀與打氣：

Dear Alfa：

除了調整心態，要檢視如何才能把事情做到位，如何能讓自己開心、讓人驚豔。

生活中每個困難，面對它、找方法、虛心請教前輩。

努力克服的過程，才會得到尊敬，才能留下動人的故事。

把力氣花在解決問題，不要生悶氣，也無須難過。

釐清自己的任務，提早做準備。

製片是要讓製片順利進行，除了照顧好自己，也要照應到大家。

……

所以，出門前要一一確認所有設備是否帶齊。

離開現場也要一一確認和提醒成員所有設備是否帶走。

GPS不會，想辦法問到會，而且要熟練。

……

Alfa，通過考驗，將是最棒的成年禮。

「當你走過，請展露你最多的笑容，因為你只能走過一次。」爸媽妹的信，在最巧妙的時機，點醒了我。

記得收到信的當下，我們正在往南方的高速公路上奔馳，陽光灑滿在前面的公路上，覺得又充滿了力量。

成年禮體驗：成為更完整的人

一天早上我們為了要拍清晨的米蘭，五點多摸黑搭上首班電車到米蘭大教堂，也因此看到了不一樣的城市。

遊客如織的米蘭大教堂，清晨只有成群的鴿子；旁邊總是充滿血拼人潮與精品商店的艾曼紐二世迴廊，也空空蕩蕩。好比剛辦完喜宴、卸了妝的新娘，還是得回到現實，為了每一天的柴米油鹽而打拚。

歐洲啊歐洲，曾經夢想的美麗地方，但是那份美麗只存於某個夜晚，或是某種表面。其實我們都生活在相似的城市，我們可以擁有相似的價值觀，為了生活一樣的狼狽，也一樣的幸福。不用羨慕，但是要用腦也要用心，成為自己想成為的完整的人。

在這四十天裡，體內好似進行了一場軟體更新，更新成2.0版的自己。得到更多的勇氣，那種感覺好像是在向世界投履歷呀！裝備好自己，接著向心儀的單位或是人，投出自己，不管在世界哪個角落，投出一個對話的機會。

花蓮不可思議：研石造物

#影像不是終點必須要繼續走下去以行動接續我們開的頭

#我們對未來的疑惑也在一次又一次坦誠地交談裡清晰

一個溫暖的擁抱

班機已經延遲了半小時，我在桃園機場的入境大廳，緊張地來回踱步。從沒有想過，在義大利拍攝結束後，還有機會再見到受訪者之一的莫雷諾（Moreno Ratti）。心理擔憂著，等等莫雷諾會不會認不出我來，會不會水土不服不習慣。「Alfa!」一個溫暖的擁抱從背後襲來，證明我的小劇場都是多餘的。

這是莫雷諾第一次來台灣，在前往花蓮的火車上，莫雷諾翻出手機裡早已儲存下來的照片：家鄉卡拉拉（Carrara）的海景以及從網路上找到的花蓮海景照。

「你看，花蓮跟我的家鄉卡拉拉是不是長得幾乎一模一樣！我跟我家鄉的人說，我要到地球另一端長得跟卡拉拉一樣的地方，大家都不相信竟然會有這麼相似的地方。」看到幾乎一模一樣的景色，大家都不禁驚呼！

莫雷諾的到來，開啟義大利之旅的新篇章，鏡頭也從義大利回到台灣。

首映會的彩蛋

從義大利回來後，我們花了將近八個月才將紀錄片《共設時代》完成。製作一支影片所要注意的細節，遠超乎我的想像。整個過程像是越級打怪，怪物的名稱是自己的缺點、不足的能力、一個接著一個的難題；但是個充滿喜悅的旅程，遇到好人、好指引、好緣分。

首先，因為受訪者說的是義大利文，我們得先在網路上尋覓精通義大利文與中文的譯者，把所有檔案翻譯成中文，再進行剪輯。剪輯過程，有太多重要的資訊難以在影片裡清楚交代，無法完整呈現我們這四十天的體會，因此不斷地看片、討論、重修，導演家辰一再砍掉重練。

期間家祺哥如以往負責穩住軍心、家瑜補充設計資訊、文宣、網站的設計，佩玲與育瑄則忙著聯繫後續行銷、曝光、募資，我負責文案以及緊盯每項進度：海報設計宣傳、配樂調光的時程、翻譯的準確性、字卡的內容，大家齊心確保能在首映會前，一切到位。

二〇一六年的四月底，我們在展演空間「涇地」如期舉辦首映會。首映會當晚，好多邀請的貴賓與一路上幫助我們的人都出席了。台灣創意設計中心總顧問張光民、好樣集團負責人汪麗琴為我們致詞，分析台灣產業的優勢；一路上幫助我們的設計師凌玉峰、吳孝儒給予評論與鼓勵；獨立製片公司繆思媒體的導演蔡牧民與製作人賴佩芸也來幫我們加油打氣，還有一直以來關心鼓勵我們的朋友，把放映空間都坐滿了。

我們認為《共設時代》是一部講述義大利設計師與製造師如何共同參與創作、設計的故事。因為實際看到義大利設計師與製造師傅，平等、和諧地相處關係，也因為有這樣個關係，共同創造出美好的作品。我們想要將這樣美好的合作關係，帶到銀幕前。

紀錄片長度是半個小時，半小時的影片很快地播畢，我們全體上台，與觀眾進行分享討論。

對比多數穿著黑色系的設計系學生，第一個舉手的中年樣貌、穿著藍白條紋T恤的大哥，在人群裡略顯突出。

藍白條紋大哥自我介紹，是襪子工廠的老闆，在網路上看到我們影片的介紹，很感興趣，特地從彰化北上。聽到這，我們眼睛都亮了起來，沒想到會有這麼有趣的觀眾。大哥接著說：剛剛看完影片，影片裡討論的主題：製造與設計要怎麼合作，也是我現在面臨到的問題。大哥說，雖然自己是製造商，但也想要研發、設計不一樣的襪子，但是找設計師的成本太高，而且要找到合拍的設計師太難了。大哥拋出疑問：「看完《共設時代》很有感，你們試圖討論的議題，就是我現在想要突破的。因此想請問你們，有沒有解決的方法？或是建議我下一步怎麼做？」

哇，沒想到第一個問題就那麼難。儘管我們分享在義大利的觀察，還是覺得不夠深入，無法準確針對台灣現況進行回應。

我們一直將襪子工廠老闆的提問，放在心上反覆思考。影像的下一步是什麼？拍攝的初衷是什麼？製作完影片像是起了一個頭，難道就要這樣放掉了嗎？藍白條紋大哥的問題像被打起的水漂，激起後續一個個漣漪。

首映會後，我們把藍白條紋大哥的提問放在心裡，也一邊展開巡迴播放。記得五月最後一個週日，我們前往雲林科大的設計學院播放《共設時代》。出了斗六車站，搭乘計程車前往雲科大，看著窗外湛藍的天空，想著巡迴播映的實現，竟有些不真實，能帶著我們的影片，到處分享。然而愈走愈了解，影像不是終點，必須要繼續走下去，以行動接續我們的起頭。

決定檢視初衷。當時企劃書裡這麼寫：紀錄片目標是要喚起大眾對設計與製造斷層問題的意識。然而，將鏡頭拉回台灣，設計師與製造者間的斷層現象要如何改善？台灣一直都是製造與加工的生產大國，身處台灣的設計師，如何運用這些在地優勢來突破困境呢？工廠想轉型為設計品牌，設計工作室與製造者如何合作？工廠怕技術被盜取、無法和設計師溝通、與設計師缺乏長久的關係、以訂單量的多寡為合作前提；設計工作室缺乏聯繫兩者的溝通橋梁、不了解材料技術與製造條件、沒有機會跟工廠合作……要如何落實並實踐，甚至真正造成行動與改變？

當心裡還在糾結這些問題，超級行動派家瑜，在群組裡傳來令人振奮的消息。

台灣正在發生的故事

「財團法人石材暨資源產業研究發展中心有很強的前端製造資源，扮演的角色如橋梁，這兩年的計畫旨在建立媒合的平台與中心。石資中心發現製造業現在有很大的落差，製造資源多半掌握在四十到五十歲的人手中，因此石材發展中心打算開始認真做媒合與傳承，並計畫二〇一六年十二月在內湖與建商合作成立台北設計建材中心。」訊息裡，家瑜這麼寫道。

我們決定坐上往花蓮的火車，決定去現場一探究竟。出了車站，迎接我們的是石資中心的培道大哥與威廷哥。

在車上，石資中心的組長培道哥說，台灣石材的起源從花蓮開始的，因為中央山脈跟海岸山脈中間這個夾層，蘊藏一些很特別的大理石，產業發展始於六、七十年代。而我們長期在各產業，都處於一個比較代工的環境，石材產業常常只就石材的單純加工去做處理。

一九五〇年代，花蓮開始發展大理石產業，主要輸出國為美國。商品都朝比較商業化的路線製作，隨著時代的發展、產業轉型，開始慢慢有設計師或者藝術家為產品增加附加價值。培道大哥與威廷哥帶著我們認識石資中心裡不同的機器設備、空間、電腦控制工具機、橋剪、手作工具與各種不同材質的岩石。也帶我們一一拜訪花蓮的大理石工廠，瞭解老闆的故事與目前面臨的問題。

阿山哥是鑫瑩石材公司的老闆，見到我們，就親自帶我們參觀工廠。他的工廠，像是自己的作品展場。阿山哥秀著自己做的洗手台、具有禪意的石椅、工法細膩的石天鵝……當問及是否想過將這些作品商業化？阿山哥說，石材業要靠設計師之力一起去推廣比較快，石材產業維持早期習慣，沒有創新的工法，所以就一直停留在那。很多設計師懂得運用很多材質卻只懂皮毛，也因為石材不易製作，真正懂石材的很少。

也有設計師，在茫茫大海裡找到他，一起製作作品，但從作品走到產品，還要有通路與行銷端的支持，需要一個產業鏈的協助。

影片的下一步：研石造物

實地走訪工廠與拜訪石資中心後，我們決定媒合「設計、製造、行銷」三方資源，舉辦「研石造物——大理石設計與製造國際工作營」。

出發點來自在石資中心的觀察：花蓮石材產業鏈完整，但相對的較為封閉，缺乏新血與異業合作。近年來建材業萎縮，石資中心希望能協助大理石加工廠拓展更多元的合作對象。石資中心擁有前端製造資源，但缺乏後端行銷產品能力，因此由石資中心提供製造資源，我們負責行銷工作坊活動及媒合未來展覽銷售，並邀請義大利設計師莫雷諾來台共同主持工作坊。工作坊徵選來自全台十位設計師，與製造師傅一起創作。

莫雷諾是紀錄片裡的受訪者之一，來自卡拉拉，主要作品媒材為大理石。

卡拉拉與花蓮兩地都背山面海，也都是大理石製造與輸出地。兩地不只地貌相似，產業面臨的問題與產業轉型的過程都很類似，卡拉拉的石材產業從十五世紀就開始了，但一直維持著單純製造、出口。在義大利拍攝時，我們看著莫雷諾運用設計專業與家鄉一群青年，想轉型提高石材產業的價值，於是定期舉辦工作坊，努力為家鄉大理石的製造產業尋找新的可能，也開始有一點成果。我們想邀請莫雷諾來花蓮，希望能藉著莫雷諾帶來一些想法刺激。

大理石這個近年在米蘭家具展蔚為設計趨勢的材質，其實易碎、非常重，運輸成本高，因此大理石這個古老材質大多數只能以建材或石藝的身分出現在日常生活中。我們希望透過工作坊，實際體現《共設時代》紀錄片「整合在地資源共同創造」的概念，讓設計師與製造師傅可以在工廠裡一起合作，石資中心很贊成我們的構想，雙方決定一起展開這場冒險！

彰化襪子工廠老闆的提問，一直記在心裡：影像之後的改變呢？籌備《研石造物》的過程，雖然時程緊迫，但一步一腳印，覺得越來越踏實。

共設時代在花蓮發生

研石造物工作營在八月開辦，還記得那天，我在桃園機場的候機大廳等待，當莫雷諾與女友，從機場大廳走出時，「Ciao!」我大叫一聲！接著相擁，一切好不真實。

石資中心的車，載來了來自全台各方的設計師好手，我們與三間製造廠合作，進行為期六天的工作營，帶領學員走訪製造廠、了解製程、提案發想、產品製作，到最後每人完成大理石產品。

莫雷諾帶領學員，由設計的面向思考大理石的可能性；石資中心引領學員進入工廠，實地了解大理石加工技術，如水刀、車床、電腦控制工具機切割等技術；製造廠師傅在工作營的角色如同設計師的夥伴、導師，從製造專業的角度與設計師一起討論產品想法。

還記得，莫雷諾曾跟我們講述自己跟製造廠的合作經驗。莫雷諾與製造師傅會約在工廠裡一起討論問題與需求，也順便看看機器加工的效果及品質，如此一來雙方可以立刻發現問題及找到設計上的缺陷。

比如說透過觀察加壓水槍的切割效果，莫雷諾可以想像該如何將這部機器的功能發揮到極致。了解機器與技術的極限，才能突破限制、創造更多可能，而這些是在圖紙上做不到的事。

當時在與花蓮製造廠的師傅討論時，師傅說，很少設計師會進工廠實際了解機器。一來是時間成本，二來，也不太有製造廠會有意願進行這樣低產量的創作。

因此，在炙熱八月天，在花蓮的製造廠裡，看到雙方互動激盪出的火花，有種夢想成真的踏實感。

師傅向設計師學員解釋，大理石不像木頭或是其他材質，同一塊大理石，會因為沉積的速度與方向不同，而軟硬不同，所以使用車床切割時，比較費工需要特別注意。看著學員在各製造廠與師傅討論設計圖，有的馬上更改尺寸大小，有的馬上想出新的上色方式，有的決定不靠機器而自己手工製作……

最後一天成果發表，在每位設計師的簡報分享中，聽到的不只是設計理念與想法，更珍貴的是聽到設計師因為經歷參訪製造廠、了解製程、分別與設計導師和製造導師溝通討論後，改變與修正設計的過程，將作品變得更簡潔、更容易量產或是更有故事。

工作坊進行地很順利，然而要怎麼讓設計師與製造師傅合力產出的作品，能更進一步地曝光。商品化、品牌化，或是成為藝術品，讓這個合作不只是一次性的工作坊，而是滾動出更大的能量？

擔任總策劃總是超前部署的行動派家瑜，早在工作坊開始前，就已經爭取到台灣設計師週的展覽機會。除了找尋下一步商品化的可能，也希望透過設計師週的舞台，給予製造廠與設計師肯定。

給製造師傅一個舞台

還記得當初為了尋找適合《研石造物》的合作廠商，我們拜訪了花蓮多家工廠，製造端老闆講起自己產品時自信的眼神，如同在說自己的孩子般驕傲。

我們反思，在設計平台或者設計媒體上看到一件作品，我們能快速地找到創作者與其創作理念，卻很難找到「是出自哪位製造師傅的巧手」。製造師傅的名字、製造工廠的名稱往往默默無聞，但製造師傅的重要與專業是不可忽略的。

我們為這次合作的製造廠師傅，以工廠為背景，拍攝帥氣亮麗的人像照，將製造師傅與設計師齊名陳列在同件展品中，除了瞭解石材業在技術方面的變革外，也挖掘了每家工廠從創立至今的故事，隨著市場與環境的改變，每個老闆背後都有一段不停遷徙、演進的過程。我們將這些故事，一點一滴地呈現在展場的背牆上，向製造師傅致敬。

工作坊結束後一個月，我們在松菸文創展覽了來自十位設計師與製造師傅合力完成的創意，從花蓮小心翼翼運來的大理石創作，陳列於展場中。

展覽後有師傅回饋，其他的同業看到了這個活動與成果，跑來問會不會有下一屆？也想要參加。聽到師傅的回響，不禁紅了眼眶，心裡再度感謝首映會的彰化襪子工廠老闆的提問。

永遠還有最後一哩路

這一場為期兩年（二〇一四年十月到二〇一六年十月）的義大利到台灣奇幻之旅，就在設計師週的展覽之後，告一個段落。團隊六人，也到了各自人生階段的下一個路口，彼此說了珍重再見，相繼帶著這個經驗，各自飛翔。

往後的每次相聚，都備感溫暖，能在步入專業初期，遇到一群一起質疑與探索的夥伴。我們可以感受到內心的衝撞，同時對未來的疑惑，也在一次又一次坦誠的交談裡清晰。

走過這趟兩年的旅程，遠比四十天的義大利之旅還精彩。從一開始的初生之犢，中間的迷惘質疑還可以做什麼，最後找到繼續努力的方向。

「在《研石造物》工作營的拋磚引玉下，莫雷諾、設計師學員以及在地製造廠的密集交流下，讓卡拉拉與花蓮這兩個相距約一千公里的姐妹城市，因為大理石之緣而有了精彩的製造對話與設計外交。不過在以花蓮大理石為素材創作出令人注目的作品之前，如何促成「設計」與「製造」走向互利共生的最後一哩路，正是這次工作營埋下的種子，以及台灣設計師與大理石產業共同努力的目標。」《Design》設計雜誌這樣報導我們。

最後一哩路，仍緩緩前行。「研石造物」成了一個品牌，二〇一六年辦了第一屆，接著幾屆由石資中心主辦，石資中心找了設計師曾熙凱與其團隊Studio Shikai策劃執行。二〇一七年邀請到十五組台灣設計的家飾品牌至花蓮進行為期六天的工作坊，在與時間賽跑的壓力下，六家工廠齊心協力完成超過二十件預計量產的作品，包含家具、傢飾與生活用品等，展現超越以往的想像與限制，尋找在地石材與生活美學的交會點。而莫雷諾也再次來到台灣！

二〇一八年石資中心持續舉辦，在石資中心與Studio Shikai的策劃下，研石造物不斷延伸擴展，從獨立設計師到家居品牌，開拓更多的可能。二〇一九年也持續舉辦。

手機裡，還放著當初火車上莫雷諾那張讓我驚呼的家鄉風景照，時時提醒自己，腳踏土地，在出走與回家之間，不斷思考這個課題。

在貝魯諾採訪木匠夫妻

清晨五點的米蘭大教堂

在法國布瓦布榭
完成的六支影片

歐洲活躍老化文章

PART 2

出發：帶一個問號

當初抱持著好奇，跟我同個領域的年輕人，對影像、對世界、對人生的價值觀是什麼？摸索的過程中，看到自己從句點王變成逗點王，從那個到巴黎不敢踏出青旅去看巴黎鐵塔的人，到之後背著背包睡了一個個沙發的人。慢慢發現，自己愛極了這種不斷地在找尋專業的意義與價值，在茫然、困惑中前進的感覺。有沒有看過巴黎鐵塔，好像也沒有那麼重要了。

帶一個問號去旅行

#不管以後的角色是助人者或是受助者許下要一直當個善的使者的願望
#不愧對自己的幸運唯一方法就是盡全力做你能做的

這位女孩是我妹妹

「呃……請問老人中心在哪裡？」阿姆斯特丹旅遊服務中心的女士狐疑地看著眼前一臉稚氣的年輕女孩，於是女孩堅定地問了第二遍。

這位女孩是我的妹妹，妹妹很羨慕我有去義大利的機會與經驗，想要出走看看外面的世界，也申請了世界公民文化協會的計畫與補助，在隔年暑假出發。回顧妹妹與我迥異卻又有點相似的學習歷程，我覺得她是我的一面鏡子，折射出我需要更勇敢的性格，也投射出我們相似的價值觀。

求學期間，我們在體制裡，並肩作戰。妹妹愛讀書勝於社交，我成了她的公關，負責她所有的對外聯繫；妹妹則是我的專屬家教，會讀書的她，總耐心地為我解釋每一道難解的數學題，每一個抽象的物理公式。我們互補，幸好有她，求學期間不會太苦悶。

妹妹喜歡讀書，也很會讀書，對自己要求嚴格，喜歡規律地生活，因此大學選擇能讀很多書，也可有規律生活的國防醫學院。儘管在體制裡，她仍不斷地嘗試突破現有的體制，看著她不斷努力，也給了在自由環境的我，很大的鼓舞。

當一個善的使者

大一暑假，妹妹的學校規定要進行三週的服務學習課程，形式不拘，但要符合公益。妹妹不只想做與醫療有關的服務，同時又想完成環島的心願，於是揪了同學，組成「突變的魯蛇——蛇行台灣」團隊。目標是騎車環島之餘，在人潮匯集的車站為南迴醫院的籌建募款、為沿途經過的偏鄉學校辦育樂營。還帶著一個問題：身為一名醫學生，想理解偏鄉醫療的困境是什麼？

環島第十二天，一夥人已經從西部騎到了東部，遇上了蘇迪勒颱風，決定先回家避難。回到家後，聽著新聞播報裡，剛騎過的王功漁港淹水，剛特地繞道只為拍特寫的北港千里眼與順風耳倒了，剛揮別的美麗濱海大武鄉撤村。妹妹感嘆：要走就走，最慘不過就是站七小時回台北，都市人的我們有許多選擇。說撤就撤？大武鄉的選擇不多，但每個都不是輕易能夠妥協接受的。颱風如是，醫療如是，更多迥異的生活風景亦如是。

環島經驗讓她往後對待其他人事物更溫柔更同理，回來後，妹妹跟我分享在環島中的發現：偏鄉的孩子參加的育樂營不一定會少，偏鄉的醫生不一定會因為資源缺乏而放棄治療，偏鄉不會因為她的驚鴻一瞥而從邊陲出走，永遠出走的只有自己。除了自己，誰也改變不了誰，環島過後，很高興自己已經有點不一樣了。

妹妹說，環島過程，不斷地受到幫助。而在每次受人幫助後，總有點惶恐，怕自己沒那麼好值得受如此幫助，卻也非常雀躍，一再再的親身證明，這個世界上的良善是會互相感染傳遞的。所以不管以後的角色是助人者或是受助者，許下要一直當個善的使者。

讓良善落實在生活中

因為感受到這個世界上良善是會互相感染傳遞的，想要當個善的使者，從自己的所學出發。長照議題正夯，身為醫學生的她，想了解這個領域。於是也申請世界公民文化協會的計畫經費，到歐洲、探訪各地活躍老化、創意的老人院。

妹妹出發前已聯繫幾個單位，但為了盡可能採訪更多單位，到了當地仍努力四處詢問「老人中心在哪裡？」

「老人中心在哪裡？」帶著這個連旅遊服務中心的女士都要Google的問題，拿到地址後，一一突擊拜訪，最後意外參訪了九間各式不一的老人院。

這次的經驗，讓她感受到，帶著一個問號去旅行，會發現截然不同的世界！有目的性地走訪一個空間、環境，便有機會從不同的觀點，發現新的世界。一個問號，引領你走離吃喝拉撒睡的條條觀光大路；一個問號，帶著你迷路誤闖睡眼惺忪的人家家裡，跟你無法想像的人有比表皮更深一點的對話。

回到台灣，妹妹發現以自己目前的能力，還無法精準地看見問題，產生改變。自省：「這是一趟發現之旅，我發現了什麼？如何傳播我的發現？如何實踐我的發現？」當發現答案有可能在醫學裡，於是又認真鑽研醫學。因為學校與醫院的距離，不到五分鐘路程，妹妹幾乎都待在醫院裡，發現同學竟自學印尼文與移工交流，遂開始關注移工議題。

觀察在醫院裡看護工的工作實況，妹妹才知道比起實習醫師值班的膽戰心驚，移工的生活是另一種戰戰兢兢。需要時時刻刻看緊病人的一舉一動、記住醫囑的所有細節好應付家屬的詢答、面對家屬突如其來的盯梢……幾乎無一點隱私。妹妹開始跟著移工去印尼店買便當、買蝦餅，才知道印尼店也是他們的銀行、手機店兼書店。跟著移工去就醫，才明白，他們因為各種隔閡，不明白自己的身體正被陌生的醫護做些什麼處置的恐懼，以及怕被發現是失聯移工身分，而不敢就醫的難處。甚至在考完醫師國考後，飛去印尼，實地走訪移工之路，從大都市辦簽證、離鄉及返鄉的歷程。妹妹也拉著我跟著她，一起認識移工朋友。去了南方澳的漁船，到了東南亞書店……。

看見之餘，又想起身改變。妹妹與同學組成全台第一個由醫學背景成員關注移工議題的團體「Rumahku志工團」，開始真正「看見」移工。在醫院裡建立東南亞圖書館，發現看護工有祈禱室需求，開始向醫院倡議設立穆斯林祈禱室，應移工需求在醫院裡辦中文課。

看見移工之後的反思

對於妹妹與團隊來說，在醫院設置穆斯林祈禱室是看見移工的第一步，也是最能使力的點。醫院或許是移工待最久的地方，一天五次的祈禱，非常重要，卻沒有屬於他們的祈禱室。努力了兩年，終於在二〇二〇年，三軍總醫院的穆斯林祈禱室建立了。

我好奇為什麼妹妹對移工議題特別地關切？妹妹說，健康權是人的基本權利，但移工的健康權又如何能在國家機器管制外來人口，甚至非法移民之間取得平衡，以及有效運作，是她關注的議題。

接著更進一步，大六那年，妹妹申請到美國希望診所（Hope Clinic）見習，希望診所在羅德島（Rhode Island）——一家專為無保險病人免費醫療的診所。在希望診所，她看到移工的醫療權利受到的照顧，進而想像台灣醫療體系能對移工做得更多。

美國醫療人員時常面對無證移工，「病人於醫療場所不需要表露自己的移民狀態」以及「將無證移工的移民狀態，透露給執法人員違反美國醫療資訊保護法規」是目前普遍的共識。甚至許多醫院會針對移民署抓移工的突襲，進行「反擊預演」，防止抓人得逞。相較台灣醫院看到逃跑移工的反應是：通報移民署協助；希望診所看到移民官前來的第一個動作則是：把大門關上，保護患者，不論身分。這樣的差異背後，隱含的社會價值、人權觀念、專業準則，以及許多面對移工所產生的民間適應或者抵抗，很值得思索與辯論。

從美國回來後的兩個月，她剛好有機會在一次醫學論壇上與世界頂尖的麻州總醫院及哈佛大學學者請益醫院「跨文化照護」的作法。他們從醫院組織文化著手，改革通譯機制。理想的狀態是，在病床上標示需要跨文化照護的病人，並在新進醫師職前訓練以及例行的晨會，培訓相關醫療文化照護課程，護理師有權可以連絡醫療通譯人員。環環相扣的制度細節，顯示醫療機構內部對跨文化醫療的覺醒。妹妹找到著力點，繼續在這條路上耕耘。

不愧對自己的幸運

妹妹這趟「帶著問號去旅行」的過程，從最初的探索世界，提出問題，進而發現自己的天真不足，到慢慢找到著力的地方。看著她一路探索的過程，像是一面鏡子，我們都有相同的價值觀，但她卻比我更堅定。當妹妹開始往移工議題深耕時，我申請上交換學生，妹妹甚至比我還興奮，礙於國醫的體制，無法去交換的她，貼給我好多連結，許多網站，鼓勵我去申請。

我出發那刻，同時還伴著一雙眼睛看世界，濾出不一樣的視野。

「雖然世界很大自己很小，還是要不信邪地做實驗。不愧對自己的幸運，唯一方法就是盡全力做你能做的。」出發前，妹妹送給我句話，鼓舞常常迷惘的我。

在那些陌生的遠方，妹妹是我的燈塔，讓我有所依循。我也帶著問號，出發。

法國：向世界投履歷

#阿蕾提醒我要繼續練習社交沒有捷徑只有多練習
#慢慢發現自己愛極了這種在茫然困惑中前進的感覺

我也帶著自己的問號出發

我喜歡列目標，決定參加國際交換學生後，在筆記本寫下想要在歐洲完成的事，列的第一項是「向世界投履歷」。好奇跟我同個領域的年輕人，對影像、對世界、對人生的價值觀是什麼，因此想在歐洲找影像相關的實習或短期工作。我列了一份計畫表，像畢業生在找正職，每天照三餐刷網站、投履歷。

一日看到學學文化創意基金會，在官網張貼「法國布瓦布樹暑期設計工作坊」（Domaine de Boisbuchet）工讀實習補助的資訊。當初在籌備研石造物設計坊時，上網搜尋類似的工作營隊，而得知這個由法國官方認證的國際文化研究和教育中心。法國布瓦布榭莊園擁有百年歷史，長期推動設計、文化與教育，每年邀請來自世界各地的設計師帶領工作坊，總會吸引超過三百位學員到法國西南部充滿田園風味的布瓦布榭莊園，一起進行從發想到設計的過程。當時搜集資料時，就很好奇布瓦布榭這二十五年來是怎麼建立品牌，並且吸引全球頂尖設計界前輩，為專業人士設計工作營。

學學與「法國布瓦布榭暑期設計工作坊」為合作夥伴，學學與文化部每年提供一定名額的補助經費，贊助台灣文創領域人士參與工作坊。補助內容分別有贊助機票；贊助工作坊課程費，以及兩名除了實習，還可以免費參加工作坊，並給予津貼的實習機會。

我很想申請實習，一來磨練自己的專業，二來有機會在工作營待久一點，可以跟人有更多的連結，於是馬上著手準備申請文件。抱著強烈的動機，以及之前曾舉辦研石造物的經驗，經過一連串的面試，幸運地甄選上。帶著一個問號，出發。

歐洲第一站，法國

工作坊位在法國中北部萊薩克（Laissac）的莊園裡，在一個偏遠的郊區。

我必須先到巴黎住一晚，等隔天的火車到小城鎮普瓦捷（Poitiers）。到了普瓦捷後，要再等工作坊的接駁專車，坐一小時的車後便能抵達。儘管路程不是太複雜，但是一想到自己要從巴黎近郊的戴高樂機場，坐車到市中心的青旅住一晚，隔天中午要到歐洲最繁忙的鐵路車站巴黎北站（Gare du Nord），找到正確的班車前往小城鎮，而且聽說法國市區扒手多、當地人不喜歡講英文等，事前就非常地緊張，不斷在Google地圖上模擬路線。

飛機降落在戴高樂機場，拿到行李，也搭上前往市中心的公車，一切順利。就當我抵達市中心，拖著行李徒步前往青旅的路上，不知是否是心理作用，隱隱約約覺得被人盯上。我穿著顯眼的橘色外套，拖著一個行李箱，又是稀有的亞洲落單女孩，被盯上也難免。行走時，不斷用餘光往後瞄，就在覺得後面的身影愈來愈接近時，趕緊奔進旁邊的藥妝店裡。平靜心情也確認窗外的男子已經離開，看好地圖，吸口氣，往外衝，一路往青旅狂奔。抵達青旅的瞬間，眼眶泛紅，到了能鬆口氣的安全地方。櫃檯正在值班的小哥一看到驚魂未定的我，覺得好笑，儘管離入住時間還有三個小時，他好心地馬上幫我辦理入住。小哥看我嚇成這樣，邊拿我護照邊說要給我一個「法式浪漫的禮物」。

拿了房卡，開門瞬間，咦，房間怎麼長成這樣？是有獨立衛浴、書桌與市景的單人房！但是，我訂的明明是男女混合的十二人背包客房呀。原來這就是小哥說的「法式浪漫」呀！我趕緊下樓謝了小哥，謝謝他減低了我的緊張焦慮。

接下來一整天，我依然待在青旅的小房間裡，不敢出門。儘管離青旅幾個街區外，就是巴黎鐵塔、巴黎聖母院、羅浮宮等著名景點，但是我就是不敢出門。打視訊回家報平安，電話那頭傳來如雷笑聲，他們都覺得我瘋了！好不容易到巴黎，怎麼沒有來場流動的饗宴？而關在房裡不出門。

蹉跎了一陣，終於在傍晚，鼓起勇氣再度踏出房門。一到樓梯口，遇到一個來自中東、也是剛到巴黎的大叔。大叔提議隔天一早結伴去巴黎鐵塔，彼此照應，還可以互相幫對方拍照。我說好，我想想，便又回到房間。隔天一早，躺在床上猶豫，終究我的膽怯戰勝了勇氣，賴在床上，爽了約。退房後，又是一場心理戰，再度以狂飆的速度前往火車站，坐上火車，抵達小城鎮，找到了專車，好不容易到了布瓦布榭莊園。於是我的巴黎一日行，只有往返青旅與車站的狂奔記憶。

馬不停蹄的實習工作

布瓦布榭莊園有城堡、有湖、有森林、有驢有馬有鹿、有十幾棟獨特的建築，還有來自世界各地的學生，在這樣自然、自由的空間裡，不同文化相互激盪、交流切磋。

我的辦公室是舊馬廄改造的，而我像是一匹馬，每天馬不停蹄地工作。我屬於媒體部的一員，負責記錄、跟拍工作坊，定期產出當週的工作坊紀錄短片。每天大約有三分之一的時間在後製剪片，三分之二的時間跟著學員一起上課。這個工作，讓我有機會，以旁觀但又近距離的角度觀察工作坊怎麼進行。

比較特別的是，工作坊行政工作團隊扁平化，每年自全球招募許多實習志工協助整個夏季工作坊的運行，除了幾位領薪的幹部，其餘工作人員全是志工。志工食宿免費，若工作一個月可以免費參與一個工作坊課程（一個工作坊學費約三、四萬台幣）。志工通常也是相關專業，因為整個夏日的密切相處，培養了並肩作戰的情誼。志工分很多部門，有行政、餐飲、工廠部和媒體行銷部。當時媒體部有五名成員，一位主管與兩位攝影師以及包含我兩位影像工作者。

從句點王開始的旅程

上工前我先參加了一個強調設計發想過程的工作坊。第一天，看到學員仰慕講師的表情，才知道，我選到一個很熱門的工作坊：講師是知名設計師《推測設計》（*Speculative design*）一書的作者鄧恩與拉比（Anthony Dunne & Fiona Raby）兩人提倡「推測設計」。以想像力為基礎，為世界可能的樣子而設計。這是一種設計方法，著重於運用設計師的想像力，結合科技以及其他領域裡的研究事實，顛覆原本對於既有世界的認知與刻板印象。學員都是慕名而來，只有我不是，也因此我一開始有很大的隔閡感。

推測設計，聽起來好玄。頭幾天，我一直處於迷惘中。工作坊是以《愛因斯坦的夢》這本科幻小說為架構，小說中針對愛因斯坦的相對論，提出各種由不同的時間概念形成的日常生活，每個篇章都是一個關於時間的故事。工作坊前三天，大家不斷地對話。比方大家討論：你最喜歡這本書的那一個故事？你認為時間是什麼？時間對你而言是什麼？你喜歡書中哪個時間的設定？你怎麼看待時間？時間是什麼顏色？時間是什麼質感？等等各種與時間有關的抽象、充滿想像的問題。直到第三天下午才陸續進創作空間工作。

前來參加工作坊的學員都有工作經驗，在設計領域耕耘許久，想藉由這個工作坊，跳出既有的思考模式，換一種角度，看待平常每天接觸的設計工作。我這個半門外漢兼新鮮人參與業界前輩的討論，很多時候接不上話，一方面是自己的經驗有限，一方面是面對各個有來頭的人缺乏自信。大家坐在莊園裡那可容下百人的長桌一起吃三餐，我總是有點尷尬與不自在，與隔壁的學員聊不到三句話就陷入沒有話聊的窘境，自嘲是句點王：別人跟我講話，馬上會被我句點。最讓我感到舒服的空間，竟是廁所！我的第一個貴人天使阿蕾（Alejandra Gandia-Blasco）在我最低潮的那天走進我的故事裡。

互相擁有對方祕密的朋友

與我同組的西班牙姐姐阿蕾，三十五歲，在家族家具企業當創意總監。阿蕾完全不像印象中的西班牙人那樣熱情陽光、有點慵懶，她和善但與人保持一定的距離，常常見她在找WiFi強的地方忙著處理公事。來到布瓦布榭莊園的第四天，是我最低潮覺得格格不入的一天，可能是自己慢慢處於一個邊緣者狀態，開始以一種更抽離的角度看待所發生的事，進行分組討論時，我觀察到阿蕾不是很開心，常常發出「BUF」的怪聲。

我關心她，是不是覺得課程不符合預期，還是有什麼不滿，我可以跟其他工作組員討論團隊要如何改進。她很驚訝我竟然發現她內心幽微的變化。她分享做為一個創意總監，平常要處理非常實際的產品設計、行銷，突然間來到了這裡，上了這個「無所事事只要空想」的工作坊，覺得很不適應，也不知道其意義何在。阿蕾和我分享了彼此的個人網站與創作，從那開始，我跟阿蕾成了「互相擁有對方祕密」的朋友，我跟她分享我覺得自己是句點王，她大笑。阿蕾也在之後幾天，抓我一起吃飯、聊天，帶著我跟大家接觸。

講師希望我們從《愛因斯坦的夢》一書中，擷取自己感興趣的章節、詮釋章節裡的世界，不限任何媒材進行再現。我們決定採自書中「在同一空間裡有不同時間速度的世界」為概念，以不同時間不同速度形塑新的樣貌。

這是我第一次這麼天馬行空地創作，一開始毫無頭緒，不太知道再現這個時空的意義為何？講師要我們先不要這麼快想做出什麼結果，應該不斷地去嘗試所有的可能。因為影像是最快、最方便的的傳播媒介，我們便拍攝剪輯了題為〈時間的史詩之旅〉的影片，內容主要在呈現一系列在一個有許多不同時間速度的世界裡生活的人們，他們的生活模樣。

最後出乎意料，大家很喜歡我們的作品，講師在工作坊結束後還特別寄一封信，想要留藏我們的影片，也希望我們能繼續保持聯絡。這個工作坊讓我在創作影像的過程，產生了不一樣的思考。以前在拍攝時，一定要有個清單，要對拍攝內容全盤掌握。而這個工作坊第一天到最後一天都不知道要產出什麼？一開始很迷茫，不太知道要幹嘛，後來發現這個經驗是一個很棒的禮物。工作坊教會我們去用一個外星人的視角，跳脫框架，不以現實考量為主要判斷，而去嘗試各種可能，運用這樣的方法激發我們想像。習以為常的事，就會變得豐富而有趣。

練習社交

一週的工作坊結束，阿蕾要離開了，而我要繼續留下。離別前，阿蕾拉我去散步，我們走到莊園最外圍的溪流畔席地而坐，阿蕾明天就要回到日常，而我還要留在這個莊園整個夏天。流水潺潺，阿蕾提醒我要繼續練習「社交」，沒有捷徑，只有多練習。

好奇妙，有些人，不用什麼言語，也能知道他在想什麼。我跟阿蕾就是這樣的朋友。離開後，我們一直持續維持通訊，這些信，讓我在失去動力時找回自己。阿蕾常常來訊提醒要我要好好練習社交，也說要記得跟她保持聯絡，並時時更新近況以及個人網站。

Dear Alfa：

I know that you imagine my buffffff in my face jajaja...

I'm happy to know that you're practicing the socialization in Boisbuchet, you are an interesting and friendly person, it is nice to know you and connect without words.

I'm sure you have an amazing future ! ! ! I would like to see you again, so don't miss to contact me if you come to Spain, I will do the same if I'll go to Scandinavia or Taiwan, wherever you will are ! ! !

PS: I'm going to frame your letter, and keep in touch for check the video and send it to Anthony We are going to be famous all over the world ! ! !

離開後一週，阿蕾來訊檢查我有沒有好好練習社交。好奇妙，有些人，不用什麼言語，也能知道他在想什麼。我跟阿蕾就是這樣的朋友。

上工前一天，我窩在馬廄辦公室一整天，看遍布瓦布榭設計工作坊歷年來所有的影片，研究攝影師如何用影像說故事，如何捕捉最精華的畫面，一邊構思自己之後要怎麼拍攝、建立自己拍攝的ＳＯＰ。因為這是我第一次以全英文的方式從企劃、攝影到最後剪輯影片一手包辦，儘管之前也有多次的影像經驗，但多半與一整個團隊一起完成。同時在心中給了自己一個功課：完成的每支影片，都要盡可能地根據課程主題剪成不一樣的風格。

第二個天使

阿蕾離開後，我的第二個天使無縫接軌現身，朱利安（Julien）是被分配到廚房工作的設計師，二十六歲的法國暖男。我住的員工房在一個溫馨的小閣樓，朱利安是我隔壁床的室友。朱利安的床鋪任何時候都整整齊齊的，櫃子裡疊滿衣服，床下一字排開的鞋子，每天展現不同的穿搭。暖男朱利安把我們的小閣樓布置地像家一樣溫馨精緻，每個禮拜主動清掃大家的浴室，將野地採的鮮花製成花束裝飾在房間每個角落，用牙膏在鏡子上寫著甜蜜的祝福。

朱利安很喜歡花藝，一開始不知道要跟他聊什麼，只能乾笑。後來發現每天一有空，他就會採花插花，做花藝作品集，準備申請研究所。我提議，幫他的花藝作品拍攝，能提升作品集質感。自此後，我們有很多的交集，工作閒暇時，會結伴去莊園的各個角落探險。

每週三晚上，莊園會舉辦通宵跳舞派對，大家要做自己的變裝衣服，跳通宵。因為我沒有派對經驗，每到禮拜三就感到不自在，覺得很尷尬而躲起來。朱利安是派對咖，很喜歡跳舞，一直鼓勵我參加跳舞派對。到了最後一週，我鼓起勇氣參加。朱利安一看到我走進會場，馬上走過來，把我了領進去，帶著我跳。他的貼心舉動，讓我不自覺釋放了僵硬的身體。離開莊園那天，把舅舅巧手自製的筆電架送給他，並且在上面寫著：Made in Taiwan。他在我上接駁車前在我胸前繫上一隻貓頭鷹，邊繫邊說：「這貓頭鷹可以帶給你幸運與祝福……」我們都紅了眼眶。朱利安教我對人的體貼溫柔與細心，至今仍受用無窮。

從句點王到逗點王

慢慢發現我從句點王變成逗點王，可以接續他人的話題。與此同時，我的影片也愈做愈順。

拿球（Nacho）是阿根廷年輕設計師，媒體部小主管，雖說是小主管，但二十六歲的他在我工作期間幾乎從沒管過我，我央求他給建議，他總是以鼓勵的方式叫我要適度休息，說我已經夠好了，給予我非常大的信任與自由。在他眼中，我是不參加派隊、不跳舞、無法對話的小妹妹。還記得剪輯第一支紀錄影片時，因為我一下子就想出影片主軸，所以拍攝完不到一天的時間就把影片剪出來。拿球沒有想到會這麼迅速，一開始一直把我當小孩看的他，馬上對我刮目相看，還給了我亞洲力量（Asia Power）的封號。工作期間有幾天拿球的家人來莊園度假，因為我長得像他們的孫女，拿球的爸媽特別喜歡我，吃飯總是指定要我坐在他們旁邊。也因為這樣，跟拿球拉近了距離，有比較多話題。

在布瓦布榭莊園五週的時間，我總共完成了六支主要的宣傳影片。在製作最後一支影片時，因為前面幾支影片的訓練，慢慢懂得如何與講師互動。最後拍攝的工作坊導師是生態講師利安（Li An Phoa），利安對於影片的表現方式很關心，常常找我討論拍攝的內容與形式。因為不斷討論激盪的過程，跟利安日漸熟悉。利安得知我會繼續留在歐洲後，決定與我合作，因而有了之後我們一起徒步法國、荷蘭、比利時的經歷。

從一開始的句點王，透過觀察他人的對話、不斷練習，遇到一個個充滿能量與生命力的天使，我慢慢地從句點王轉變為逗點王。

最後一天，我跟阿蕾傳訊說自己的蛻變，阿蕾回說：收到你的訊息很開心，在字裡行間中，可以感受到你在布瓦布榭豐富的生活與成長，人生就是這樣，混雜著淚水與微笑，但只要持續前進就行！我也想念你，我一直記得你的微笑還有享受工作的神情喔！

Dear Alfa：

I'm happy to read you, I can sense that you have felt an intense experience in Boisbuchet, that's nice and great to grow up as a person and professional, I'm very happy for you, life's that, tears and smiles, but just to learn!

I also miss you, you're an amazing person, intelligent, always positive and hardworking, don't change! I always remember you with a smile and enjoying work and the brainstorming.

當初抱持著好奇，跟我同個領域的年輕人，對影像、對世界、對人生的價值觀是什麼？摸索的過程中，看到自己從句點王變成逗點王，從那個到巴黎不敢踏出青旅去看巴黎鐵塔的人，到之後背著背包睡了一個個沙發的人。慢慢發現，自己愛極了這種不斷地在找尋專業的意義與價值，在茫然、困惑中前進的感覺。有沒有看過巴黎鐵塔，好像也沒有那麼重要了。

新聞外的芬蘭教育

Slush存在的價值是不把學生只當作是學生
很慶幸自己沒有放棄任何一個機會

初見芬蘭教育

結束在法國布瓦布樹工作坊的實習後，馬上回到芬蘭迎接新學期。我交換的城市為芬蘭第三大城坦佩雷（Tampere），位在芬蘭西南部，座落在兩座湖之間。城市、湖泊與森林相比鄰，城內布滿小湖泊。坦佩雷距離首都赫爾辛基（Helsinki）兩個小時的車程，人口約為二十萬。

坦佩雷是芬蘭的工業大城，主要發展木材、紡織、金屬工業，市內有三所大學，我就讀以研究為導向的坦佩雷大學（University of Tampere）。

坦佩雷以火車站為中心，分成南北兩個主要生活區，學校分配的宿舍距離火車站只隔兩條街，坦佩雷大學、城裡最大的百貨中心、市議會等皆在火車站徒步十分鐘以內的距離。宿舍樓下有間開到深夜的便利商店、隔壁有應有盡有的超市，圖書館也在附近，這裡非常適合學習與生活。

九月底、十月初的芬蘭，氣溫早已在個位數間徘徊。一晚，在寒風中徒步到宿舍附近的酒館參加傳播學院的新生餐敘。酒館裡早已聚集一群人，耳聞害羞的芬蘭人，只要碰到酒，便能毫不保留地開啟深入談話模式。

酒後三巡，眾人話匣子漸開，已從天氣話題，聊到學習生活。

我這桌直到艾默（Ilmo）來了後，氣氛才開始熱絡。艾默是一直畢不了業的二十七歲新聞系研究生，終於要在這學期寫完論文、準備畢業。我隨口問起艾默畢業後的打算，出乎我意料，艾默說：「我畢業後會選擇去其他國家的媒體工作。」

我好奇並舉了在芬蘭國內新聞廣播公司看到的深度報導，我所認識的芬蘭新聞環境，跟人民對芬蘭政府的評價一樣，相對透明且受民眾信任，為什麼艾默要去別的地方工作？

「芬蘭的媒體只會每況愈下。」艾默回答。我認為他誇大了、沒有根據。艾默舉了好幾個例子試圖反駁：現代人碎片化的閱讀習慣、地方記者的消失、想當獨立記者卻又不能養活自己……艾默的論點不足以說服我，我說這應該是目前全世界遇到的問題，你這樣太消極。艾默再度灌了一瓶酒，表示事情沒有我想像的簡單，自己卻也說不上來。

「好吧！那你說說為何來我們國家交換。」坐在一旁的女孩眼見氣氛有點僵，趕忙緩頰。我說明因為校際交換學校中有傳播學院的選擇不多，另外坦佩雷有電台實習的機會很吸引我，再加上我對芬蘭教育十分好奇，所以申請來芬蘭交換等。對話過程發現女孩似乎對於我說的不以為然，我未說完便打斷我：「好，我直白跟你說吧！芬蘭美好的教育神話發生在十八歲以下，十八歲以上就不太一樣了。」

我認為女孩不夠客觀，正因芬蘭學生在十八歲以下的教育習得獨立自主，大學教育才十分自由，任其發展。女孩同意自己或有所偏頗，但堅持自己沒受到神話般的教育，且自己仍在迷惘中。

這段對話，讓我對芬蘭教育更好奇了，於是修習之前在網路上看到的課程「文化交流課」（Cultural Conversations）。文化交流課的特別之處是沒有授課老師，學校根據學生的期待，媒合合適的芬蘭學伴。

修課唯一條件是，同組的同學要在一學期裡共度十二個小時，每次聚會結束後寫日記。這十二小時可以進行任何活動，舉凡互相分享特色料理、一起看展覽、看電影，或是一起吃午餐等。日常生活，要深度認識芬蘭人不是那麼容易，生活中多數還是跟交換學生相處，所以特別找這個機會想以不同的角度認識芬蘭人。琳娜（Leena）就是我在這堂文化交流課認識的芬蘭朋友。

琳娜的選擇

二十四歲的琳娜是坦佩雷大學教育系的大四生，曾在台灣師範大學交換一年，交換再加上晚讀，她比同屆大一歲，正焦頭爛額地寫畢業論文。琳娜念的是教育所的終身學習系，跟我們所熟悉的教育系不太一樣，終身學習系著重在人力資源的訓練與培養。

我們的談話內容多半圍繞著彼此的下一步要做什麼。琳娜最大的煩惱是，有好多選擇在她眼前，學士畢業後要念研究所嗎？還是再去交換？

第一次見面，琳娜講起自己忙碌的生活。十八歲獨立後，她搬出家，賺取自己生活費。儘管媽媽工作地點就在琳娜打工的超市樓上，母女也只有週末會見面。

琳娜平均每天要在超商做六個小時的收銀工作，直到最近終於停掉這個做了七年、只為賺錢而賺錢的超市收銀工作。琳娜想找與自己本科相關的實習，因為已經在台灣學了半年中文，也考慮要再回台灣當交換學生，但又想要趕快把學位念完畢業。

芬蘭學士學位通常需念三至四年，學生多半會在同一所大學繼續攻讀兩年的碩士學位。若在同一所大學攻讀碩士學位，大學成績到一定的門檻就可以直升研究所。琳娜猶豫要在同一間念研究所還是到首都赫爾辛基就學，因為赫爾辛基就業機會相對比較多。

「怎麼辦，我好像可以去世界任何一個地方。」琳娜承認自己很幸運，芬蘭教育給她很多機會，可以有這些奢侈多元的選擇，但也因此猶豫不決。每次見面，我跟著她一起討論、研究每個選擇。

我要離開芬蘭前一週，我陪琳娜繳交她的交換學生申請文件。琳娜決定申請坦佩雷大學與政大的交換學生計畫，同時也很認真地修研究所課程。三個月後，收到琳娜的訊息，說她通過審查，要再度來台灣，到政大學習中文。

琳娜三度來台交換後在即將從台灣回芬蘭的前幾天，我們見面道別。一見面她就興奮地跟我說個好消息：「回芬蘭後，我就要跟我男朋友買房了。男友最近向銀行貸款成功，房子地點就在你之前來過的那間租屋處頂樓。」

當琳娜告訴我買房的決定，我很訝異一直計畫要遊走四方的琳娜，竟然會這麼早想在一個城市定下。琳娜說經過這半年的異地生活，她發現自己還是想回家，回到自己熟悉的地方，用自己熟悉的語言與生活習慣，展開自己的事業。這半年在台灣的交換生活，給她一個抽離的角度，對於未來，她更篤定了。

我不同意芬蘭女孩所說：「芬蘭美好的教育神話發生在十八歲以下，十八歲以上就不太一樣了。」我的想法是，芬蘭教育強調從小培養獨立自主，到了大學芬蘭學生還是得和全世界的年輕學子一樣，面對即將來臨的就業壓力，而感到迷惘。然而不可諱言，在這樣自由的風氣，可以創造出強大的能量。在歐洲最大創業投資大會Slush的志工經驗，讓我扎實感受到自由中無限的機會與可能。

扁平化與開放

期待許久終於來到Slush會場，Slush自二〇〇八年開辦，從最初只有兩個舞台，不到四百人的規模，逐漸擴大到二〇一八年有兩千六百個新創、一千五百個創投、六百位媒體人以及超過兩萬個參與者，這還不包含收看網路直播的參與者。如何從四百人的小型活動，一路進化到歐洲規模最大的新創平台並持續至今，令人非常好奇，想身臨其境。

諾基亞（Nokia）在二〇一〇年裁員數千人，並於二〇一三年將手機部門以五十四．四億歐元賣給微軟。芬蘭的經濟成長有四分之一來自諾基亞（根據芬蘭經濟研究院一九九八～二〇〇七年的數據），占企業稅收二十三％。根據《天下雜誌》的報導，出身諾基亞的希米亞（Teppo Hemia）曾說諾基亞倒下的最大正面影響是：「芬蘭人可以接受失敗了。」

因為連諾基亞都失敗了，大家開始領悟到沒有一種工作是永遠安穩，社會整體氛圍更願意嘗試，Slush就在這種社會風氣下誕生。Slush創辦人偉士特貝卡（Peter Vesterbacka）在二〇〇八年舉辦第一場Slush，成立目的是希望Slush成為帶動社會創業、冒險的發動者。一開始的Slush是小型座談會，偉士特貝卡慢慢將主辦策劃的任務交給阿爾托大學創業課程的學生，在學生創意發想下，乾冰煙霧、炫麗燈光、特色音樂……創業投資盛會變得更炫，也成功吸引到學生，一屆比一屆更盛大。

Slush Music是二〇一六年從Slush分支演化出來的，延續Slush的精神，不同的是主題圍繞音樂產業。有大型演講、對談、創業競賽、創投媒合、小型工作坊等。這樣進化的結果，帶給芬蘭年輕人最大的好處，便是每年可以到這裡汲取來自世界最新穎的創業資訊，就好像有人每年幫你做好未來趨勢簡報，只要到會場，就有海量的資訊與大量媒合的機會，甚至能在會場找到未來的老闆或是合作夥伴。

其實一開始我並沒有申請上Slush的志工，在報名表中十幾個志工類別裡，只勾選了影像志工，後來才知道影像大部分是外包給當地專業的影像工作室，志工需求少。入選名單出來後，發現自己沒甄選上，有點難過，但是一心想參加這個活動，不想放棄，在官網上查了總召的信箱，馬上寫信給總召伊芙（Eve），說明自己的意願，表示可以做任何類別的志工。隔天就收到總召伊芙的回覆，並說明會把我放在備取名單。原本沒有抱持任何希望的我，在活動前十天，收到錄取通知，分配到Slush Music，可免費參加Slush的主活動。收到訊息後，如夢一般，馬上訂車票、住宿，很慶幸自己沒有放棄任何一個機會。

二〇一八年的Slush就像是知識夜店嘉年華，會場布置得很像夜店，昏暗的場地、各種絢爛的燈光，還有乾冰助陣增加會場效果，置身其中不禁會跟著亢奮起來。原本想細細研究每一位講者的資訊，但是一點開議程的網站，光決定要去哪一場就耗費不少心力，結果都是等到台上講者一邊講，一邊趕緊搜尋他的資料。在這裡能遇見學生、投資方、創業人士、大公司集團、學校教授……就像嘉年華盛會一樣。結束後回坦佩雷，在學校食堂看到學生穿Slush的衣服，總是好奇主動攀談，每個人去的原因動機都不同，有的人是去找工作機會或是下一個可能的業主、有的人也是去當志工，不過有很大的原因都是不想錯過這個難得的盛事。

醫療科技、人工智慧、生技……這些當紅、熱門的議題，在Slush，只要你有足夠多的背景知識以及問問題找答案的信念，便可在茫茫人海中找到解惑者，甚至找到未來的工作機會。或許是這個原因，與同樣是志工的芬蘭大學生、研究生聊天，可以明顯感受到他們對於創業趨勢或是自己專業所學的信心。

兼職DJ的碩士生派崔克

第一天志工訓練，組長獨漏了我跟派崔克（Patrik）兩人的名牌與手環，派崔克是阿爾托大學（Aalto University）生物工程碩一學生，看似不起眼的名牌與手環其實價值將近四百歐啊（約為台幣一萬三千元）！名牌與手環是入場的唯一資格，為了隔天能順利進場並準時上工，我們要到市中心的統一發放處領取。

進到地鐵站時，發現購票只能付現不能刷卡，身上完全沒有零錢，附近也沒有地方可以換錢，派崔克見我傻在機器前面馬上摸摸口袋，挑出零錢，化解了我的窘境，我嚷著明天一早還他錢，派崔克直說別在意：「我有很多零錢。」他說自己另一個身分是在學生派對當DJ，舉辦派對的單位都會到塔林（Talin）（愛沙尼亞的首都，距離芬蘭首都赫爾辛基約兩個半小時的船行時間）走私一大堆酒（說走私的原因是因為不能從塔林買酒到芬蘭轉賣，可以自己喝，但不能賣。）因為都是用現金交易，所以主辦單位薪資都是付現，所以有一堆零錢。聽他這麼一說，才知道原來他是DJ，也能把為什麼會想要改申請Slush Music的原因連接起來。派崔克對Slush Music很期待，他想從中建立一些人脈，檢視自己是不是真的要把DJ這個興趣鑽研下去，成為專業。

保琳娜與她的死黨們

保琳娜（Pauliina）是阿爾托大學生物資訊科技系（Bio Information Technology）的大四生，直升研究所，已經開始修研究所學分。保琳娜是跟我一起值勤的夥伴，主動積極，看得出來她絲毫不浪費時間。保琳娜和其他三個死黨翹課來參加Slush，甚至約好大家翹不同時段，這樣可以互相支援課堂筆記。

我跟著她們在Slush會場挖寶，發現他們抓緊每個機會，對於有興趣的攤位積極詢問有沒有實習、工作的機會。比方諾基亞的攤位展示與醫學單位的合作計畫，諾基亞推出虛擬實境（VR）眼鏡讓醫生可以直接模擬手術，降低手術的風險，保琳娜便直接和諾基亞主管詢問實習的機會。我們到一個做血液醫療的新創攤位，為我們進行公司簡介的員工，就是去年參加Slush得到工作機會，保琳娜的朋友一直持續關注這家公司，聽了很興奮立即要了名片說會寄履歷去。

給年輕人一個機會

一般想像的志工組織是層層分明，來到Slush好像不太一樣，Slush需要志工，但又不是那麼仰賴志工。對年輕人的態度是：給你一個機會，任你盡情發揮。我們像是參加一場大廟會，志工區裡有取之不盡的食物、沙發區有各式遊戲、按摩椅，初步觀察招收的志工人數遠大於需求，所以工作內容其實很有彈性。Slush替每位志工拍攝很潮的專業大頭照，很多人因此換臉書大頭照，無形中為Slush做了最吸睛的宣傳。Slush現在的執行長是阿爾托大學的學生，二十五歲，搜尋他的領英（linkedIn），研究所最後一年。想像給你一個機會，讓你在二十五歲就能跟一線大咖站在同個舞台上，主持、對談，這對一個人的養成是多麼寬闊深遠的啊！

Slush是由一批二十歲上下的大學生、研究生管理策劃，但它完全不像學生活動。有人這麼形容Slush：「Slush能有今天的規模，因為沒有任何人真的擁有它，它屬於整個社群。我把Slush當成一輛車，許多人會輪流當司機，其他的創業活動就像坐在後座看，但只有坐在駕駛座才能真的學到東西。因此，成功的關鍵是背後成千的志工，而這些志工會漸漸變成駕駛。」我在Slush認識的第一個人便連續參加四年，他說參加Slush志工已成為每一年的儀式。

我在一間有桑拿室的頂樓會議室當工作坊的場控，從十點到下午六點半，以一小時為單位不間斷的工作坊，因爲牽涉到歐洲的法律、政策，老實說有一半的講題只聽得懂一半。工作坊主題多元，有音樂串流、音樂行銷、音樂版權的未來、藝術工作者的社群行銷……最有趣的還是跟著其他學生志工興奮地逛會場。籌辦Slush是一個長期塑造品牌的過程，在芬蘭Slush存在的價值是讓明日之星「學生」有舞台、有資源、有發揮的空間，不把學生只當作是學生。整整一週沉浸在Slush以及Slush Music後，我看到教育不只是把人教會解決問題，而是給大家勇於創新的動能。

獨立自信的芬蘭青年

#阿爾托告訴我在他成長的過程中不斷地跨界嘗試是備受鼓勵的
#轉頭看正望著遠方的他不想被定義不想被所學框住的姿態是那麼迷人

芬蘭任務

從Slush回到坦佩雷那晚，住在對街正在開發軟體、鑽研程式，準備創業的商學院碩士生阿爾托（Arto）深夜私訊我，想聽我分享Slush的見聞。我問他的第一個問題是：「你滿意你的政府嗎？」我們從十二點聊到清晨六點，破了我熬夜的紀錄。

為了回答我的問題，阿爾托從芬蘭二〇〇八年開始的外交策略說起。當時的芬蘭外交部首長亞歷山大．斯圖布（Alexander Stubb）很重要的工作目標，是要讓芬蘭在世界舞台上更受關注。亞歷山大聘請了國家形象專家安霍爾特

(Simon Anholt) 行銷芬蘭，名為芬蘭任務 (Mission for Finland) 的專案在二〇一〇年十一月底啟動，計畫讓芬蘭在二〇三〇年成為國際問題的「解難者」(A problem-solver of the world)，讓各國有可以效法的標竿。

形象專家安霍爾選了大自然 (Nature)、教育 (Education) 和功能 (Functionality) 做為行銷方向，希望芬蘭能在不久的將來，在這三大領域，領先全球並讓大家效法。

芬蘭又稱千湖國，境內有十八萬多個湖泊，十七萬多個島嶼，森林占全國總面積的六十九%，地廣人稀，人與自然相對來說是非常緊密的。而教育在於尊重個體差異，不放棄任何一個孩子。計畫裡功能性的意思是，著重社會連結、社會功能，以及社會創新。

阿爾托考我，問我在芬蘭生活的日子裡，有沒有觀察、感受到社會創新。我點點頭，跟他分享了到養老院拜訪的經驗。

當直播機器人出現在養老院

我選修坦佩雷大學社會學系的課，不甘於只是吸收課本上的資訊，下課後請老師建議我適合拜訪的機構名單。

在電子郵件往返時，Kaukaharju安養院的主管很興奮地跟我說，他們最近引進了機器人，正在研究要如何把機器人融入長者的日常活動，他們認為機器人可能是未來芬蘭長照的契機，歡迎我去參觀。

Kaukaharju是間私立安養院，二、三十年前只有富人才住得起，現在因為政府的規劃與新的福利制度，不分貴賤任何人都能入住，目前主要服務身體功能失能、需要護理人員照護的長者。

Kaukaharju安養機構整體來說不大，中間有個長廊把三棟建築物連接起來，有公寓式以及集體住宅。集體住宅住的是失智的長者，十二個人共享公共空間與客廳，每個人都有自己的獨立房間與衛浴，進出需要密碼管控。安養院可容納約七十位住民，員工約有四十名。

這裡不只是安養中心，平時也是一所日照中心，附近的長者會來這裡參加活動、吃飯聊天，中心每週會設計不同課程給不同需求的長者。

機器人在未來可能取代人嗎？帶著好奇，打從一進到Kaukaharju便不停尋找機器人的蹤影。「咦，這就是新來的機器人？」我語帶興奮指著靠在客廳門旁不像機器人的機器說。這個機器人，根本不是機器人，是一個會走路的移動平板啊！這款由Double公司發行的機器人，主要功能是讓使用者能與第三方快速連線。Kaukaharju剛從附近大學接收了這個機器人，由藝術老師凱莉負責發想要怎麼利用它。凱莉是安養中心的藝術老師，她把帶小孩的藝術課程轉化成也適合長者的藝術體驗課程。

中午十二點半，凱莉走進失智長者的集體住宅客廳，等待長者們陸續到來。凱莉準備了一袋剛從森林裡撿到的傳統器具，如傳統洗衣板、傳統木製採莓果的器皿，長者們看到眼睛一亮，氣氛很快地活絡起來，暖場後接著開始唱歌。

下午的陽光灑進落地窗，我旁邊坐著藝術老師凱莉，對面坐著三位失智長者，有滔滔不絕的、無法言語的、沉浸在自己世界的。有位長者不停走來走去像是在找東西，後來又加入一位健談的和錯過午餐正慢慢享用午餐的長者。大家沉浸在自己的世界，時而加入唱歌，時而自行活動。

約莫唱了一個小時，凱莉轉移陣地到隔壁的餐廳，甫用完餐的長者正靜靜地享用咖啡與蛋糕。凱莉彈起鋼琴、帶動唱，大概有二十位長者加入。凱莉花了許多時間，調控機器人，希望讓行動不便的長者，能在自己的房間，就能透過機器人的銀幕連線，一起同樂。

回想上午參加的藝術活動，凱莉在活動中心的長桌上擺滿顏料與畫紙，等待長者的加入，等了兩個小時，只有一位長者參與，但凱莉依然熱情地與長者互動。凱莉盡可能地設計多樣化的活動，並且不會勉強長者來參加，非常自由與人性，因為她相信，長者們能從中感受到她的溫暖與陪伴。

儘管機器人跟我原先想像的不一樣，但看著安養院的工作人員努力學習新的工具，並試著融入日常生活照護，很感動。Kaukaharju的工作人員皆以客戶來稱呼長者，並非把他們當病人和需要照顧的人看待，而是非常尊重、善待每個人的不同需求。

與阿爾托分享看到的社會創新，他回應我，在他的成長過程中，不斷地跨界嘗試是倍受鼓勵的。

不想被定義的阿爾托

認識阿爾托是一次抱著好奇心參加學校的英語辯論社，阿爾托是英辯社社長。參加辯論社幾次後，因為時間撞上了系上的課而無法出席，但因為與阿爾托有很多話可以聊，加上他就住在我對街，繼續跟他保持聯絡。

阿爾托對程式設計很有興趣，自研程式開發了好幾個軟體。藉著他自創的軟體，得到了一份錢多、離家近、事情不會少的軟體工作。

阿爾托認為他租賃家的屋頂擁有全世界最美的風景，總拉著我爬上那能俯瞰整個市區的祕密基地。他說，夏天永晝時，他會搬張躺椅、拿杯酒到屋頂，看著日不落的天空，思考程式要怎麼寫得更好。我們也曾徹夜聊天，一起看電影但因為顧著講話，所以兩個小時的電影，看六個小時都還沒看完。

從他身上，近距離看到芬蘭青年的獨立、自信與自律。阿爾托有一個Excel表，上面密密麻麻地寫著每天的計畫與行程。他也有芬蘭人害羞不喜社交的民族性格，出門時若聽到走廊有鄰居的聲音，會等到鄰居走了後，再出門，避免碰面時的尷尬。但也如同芬蘭人很真誠，不會隱藏自己的想法。阿爾托曾表達對我的好感，曾在寫給我的訊息裡說：「我還是想把喜歡的事情說出來，分享給對方，因為最終，喜歡對方是一個正向的事情，說出來，大家都覺得更輕鬆自在。」

阿爾托三不五時會傳他新開發的軟體請我測試，到現在，我還是搞不清楚阿爾托到底畢業沒、工作在幹嘛？偶爾夜深人靜時，也會想起他。

他曾說，在芬蘭我們幾乎不曾用職稱定位一個人，我是一名商業系學生，現在是軟體開發人員，但我通常不會在名字前面加什麼，若真要加，就只會加個先生吧。

「We almost never use titles in Finland. I am a business student (who works at the moment as a SW developer) but I don't usually have either of them in front of my name. So just my name is fine (and if you really need something then Mr.)」

離開芬蘭的前一晚，我們又再度爬上屋頂。夏天的芬蘭已是永晝，凌晨的天空依然明亮，城市是座不夜城。就跟往常一樣，我們俯瞰城市，享受居高臨下的快樂。轉頭看正望著遠方的他，不想被定義、不想被所學框住的姿態，是那麼的迷人。

屋頂上的阿爾托

畢業旅行：一起從關係裡畢業

＃此後我和妹做的選擇不再以爸媽的意見做為唯一參考
＃但在我的眼中我們已經從舊的關係裡畢業新的關係正在建立

在冰天雪地裡與自己對話

北歐的冬天，太陽以每天提早六分鐘下山的速度逐漸消失在午後，整個冬季，幾乎是漫漫黑夜，覺得時間過得特別快，才剛吃早餐，上個課，馬上就要吃午餐和晚餐了，一整天好像沒有做什麼事，黑夜就來臨了。有日光的時間很少，當地人多半會補充原本要從陽光中獲取的維生素Ｄ錠。

有次與學校健康中心的心理師馬喬（Marjo）聊天，請她推薦去哪裡買維生素Ｄ，馬喬傳授了幾個抵抗芬蘭冬天的方法。鼓勵學生把握十一點到下午兩點僅有的日光時間，至少晒半小時的太陽，起床時要把房內的燈全開，模擬日光灑進屋內。馬喬自己非常喜歡永夜，週末她通常會睡到自然醒，接著安靜地與伴侶享受讀書、電影時光。

我跟馬喬一樣很喜歡芬蘭的永夜，喜歡夜的靜謐，喜歡二十四小時照亮街道的路燈與櫥窗裡溫馨的燭光。交換學生之前，我已先修完大四的學分，沒有畢業壓力，能盡情地探索、跟自己對話。我常帶著相機在森林裡冒險、交朋友、尋找各種專案機會，也安排了一個獨特的畢業旅行——爸媽妹趁著年假來歐洲，由我負責規劃三週的旅程。

一起從關係裡畢業

剛退休的媽、各種忙碌的爸、國考前的妹，來找即將畢業的我。帶著他們體驗芬蘭的生活，拜訪西班牙室友的家鄉。這不是一趟普通的旅行，我們各自面臨自己的下一關。包辦整趟旅程大小事的我，因為對緊接到來的各種不確定，處於有壓力又興奮的緊繃狀態。行前非常開心他們能來，說好我和妹帶玩，爸媽則成為跟在後頭的小孩。

因為沒買無線網卡，民宿的網路也不穩定，每天找路之餘，也在找網路。某天，當我站在十字路口上網找路，看到跟在後面不停驚歎巴賽隆納住家陽台設計的爸媽，隱約感覺到，世代與責任的轉換在悄悄流動。

一路上，爸媽跟我們過著有預算的旅行，排博物館免費的入場時段、到超市買菜回民宿下廚、青旅初體驗……爸媽覺得新鮮，我們笑他們不敢說不好玩，因為怕被我們放生在異國。

可能是看著爸媽整天跟在我們後面，十分依賴我們的樣子，妹妹有一天質疑爸媽問道：「你們有沒有冒險過？」被質疑的爸媽不甘示弱回答：「結婚、生小孩就是很大的冒險啊！」

妹反駁：「對我們這一代來說結婚才是一種冒險。」因為爸媽那一輩的人多數都結了婚，不結婚是少數，所以當時不結婚才是冒險。

對我來說這趟畢業旅行，是從跟父母的關係裡畢業。此後，我和妹做的選擇，不再以爸媽的意見做為唯一參考。幾次談到彼此的未來，忽然發現，父母的人生經驗與意見可能對我們來說不太有用。

「你都是去哪找這些資訊的？」提問者改變了。很驚喜，他們正學習用新思維取代舊觀念。

「你不要壓力那麼大嘛！活下去沒問題啦。」

「你太誇張了，不要那麼省，我們怎麼把你養成這麼省！」

送他們去機場的路上，轉搭火車，看著他們拿著行李找路的背影，紅了眼眶，未來要自己去闖了呀！我們必將目睹，父母老去的事實。希望他們繼續把自己活得很快樂很健康，並為我們的快樂感到欣慰。於是，我們從被帶出去玩的小孩，蛻變成在前面領路的大人，在他們眼中我們仍然是小孩，但在我的眼中，我們已經從舊的關係裡畢業，新的關係正在建立。

和 B 寶在坦佩雷雪地裡的森林小徑

芬蘭坦佩雷窗外風景

給比利時舅舅巴特
家人的紀念影片

Drinkable Rivers
走河紀錄短片

為 Drinkable Rivers
計畫拍攝的募資影片

PART 3

機會：大橘包與鏡頭

五月的芬蘭，雪融得差不多了，原先要不要念研究所的煩惱，也跟著雪一樣融化消逝。對於接下來將近三個月，背著大包包晃蕩流浪的旅程既緊張又期待，沒有文憑只有自我督促的人生研究所，我來了。

人生研究所1：現代寶嘉康蒂的溫柔革命

#我不能離開這個小鎮超過三個禮拜不然我會過度想念這裡的河與水
#沒有文憑只有自我督促的人生研究所我來了

沒有文憑只有實力的研究所

看著身邊在台灣的朋友，都忙著申請研究所，也在猶豫自己的下一步，要不要讀研究所，這個問題，一直纏繞在心裡。記得好幾個晚上，躲在棉被裡，看著窗外的皚皚白雪發愁。

有天，收到利安的訊息。利安是我在布瓦布樹暑期設計工作坊實習時，跟拍的最後一個工作坊導師。利安來訊，邀請我加入她的團隊，為她的計畫「可飲用的河流」（Drinkable Rivers）拍攝宣傳影片。

利安不僅長得像電影《風中奇緣》的寶嘉康蒂，理念也像極了寶嘉康蒂。平時在大學當講師，教授並帶領生態課程，同時她是一名四海為家至今十二年的游牧者（Nomad）。利安致力於環境保護，並特別關注「水資源」議題。

利安父親是荷蘭華裔第三代，母親是荷蘭人，因此利安混著東西方的面孔。二〇〇五年二十四歲的他正在念研究所，論文的主題是北美原住民部落的生態平衡與經濟開發，當時原住民聚落正面臨經濟開發與環境保護的抉擇。初次抵達加拿大魁北克機場，當地人就問她：「你什麼時候回來的？」利安很驚訝自己會被這樣問道，因為長得太像原住民了，做田野調查的一個月，他自然地融入部落族群。田調之餘，利安與當地耆老沿著魯珀特河（Rupert River）乘著獨木舟深入源頭。魯珀特河在當時尚未被汙染，從上游到下游都是可飲用的，她帶來的濾水淨化器也無用武之地，對她來說是一趟啟蒙的旅行。

隔年，再次回到部落參與環境示威行動、抗議開發，但是當地原住民仍敵不過經濟發展的壓力，依然建起了工廠和水壩。又隔兩年，二十七歲的她，因為太想念原住民朋友，重回舊地，難過地發現魯珀特河中下游因為開發，已經被汙染了，只剩源頭有可飲用的乾淨水源。親眼見證河流從可飲用到因開發而被嚴重污染的過程，影響了她生命往後的每個選擇。二十七歲開始，利安走訪世界各地，想要找到解決開發與生態的答案，她念了生態永續的碩士學位，在各地帶領環境教育工作坊，到不同農場打工換宿，也從墨西哥花四個月穿越沙漠走到加拿大，不斷地以行動了解世界。

我遇到的是十年後三十七歲的利安。已經著手研究、準備了十多年的她，決定發起「可飲用的河流」計畫，利安想以她的家鄉荷蘭鹿特丹的馬士河（The Maas）為起點，從了解這條河的上中下游每個環節遇到的問題，開展行動。

馬士河的源頭在法國中部，流經比利時，貫穿整個荷蘭，最後從鹿特丹流進北海。馬士河為各大都市（比利時布魯塞爾、安特衛普、荷蘭鹿特丹）主要的用水來源，全長約一千多公里若以每天約十五公里的步行速度，徒步走完約需兩個月。利安計畫從法國源頭一路走到出海口，採擷與河有關的故事，走訪當地人居民，拜訪當地環保組織，重新喚起人們跟河水的連結，想像將來有一天，這條河能回到可飲用的狀態。

利安來訊，說明 Drinkable Rivers 計畫，希望在聖誕節前夕我能跟著她，先從荷蘭進行初步田野調查，同時負責拍攝募資短片。

你是第一個跟我生活一週的人

利安打算二〇一八年五月中開始徒步，二〇一七年暑假她已開始籌備，聯絡各地的環保組織。二〇一七年聖誕節前一週，我飛到鹿特丹跟利安會合，準備在荷蘭進行一週的田野調查，也為二〇一八年的行動拍攝募資影片。我帶著疑問：「荷蘭，一個大部分國土低於海平面的小國，人、河、水、海的關係是什麼？」我們開著車，沿著馬士河，從鹿特丹的出海口，一路向東行，到達荷蘭最東邊德荷交界處。

短短一週訪談了小鎮記者、海尼根環境政策主管、農民、溫室栽種者、水壩管理員、青少年、環保組織員工、老居民、遊艇家族企業船長……驚歎於一個故事所串起更多的故事。

「小時候我會跳進馬士河游到對岸，後來河水變髒了，就很少游了，不過近年來河水的品質有慢慢變好。」

「來看看這張圖，近期我們在水裡重新找到了河狸，代表水質有變好，下一個指標是等待 Otter（水獺）的出現，代表水質又更好了。」

「馬士河之於我印象最深刻的記憶是，當年我們結婚，先渡船到對岸的教堂裡舉行儀式，之後親友再渡船過岸回家開派對。我們人生的縮影就在馬士河的兩岸。」

「一九九三年的大洪水，讓我見識到河的力量，河水淹到門口，爸爸不想離開家，守在屋頂一個禮拜。」

「我很同意你說的，我們常忘記河跟我們的關係。女兒小學附近就有一條河流經過，應該要有相關的體驗教育。」

「我不能離開這個小鎮超過三個禮拜，不然我會過度想念這裡的河與水。」

利安擅於連結與傾聽。比方她想見到一位關注環保政策的地方官員，以及海尼根的環境部門主管。官員與海尼根主管都很忙碌，也覺得沒有必要撥出時間見她。於是，利安分別寫信給兩位，跟官員說會去海尼根拜訪，不知道是否可順道拜訪；跟海尼根主管說，會去拜訪官員，那可不可以也順便拜訪。往東行的路上的確會順路經過城鎮，儘管沒收到回信，到了城鎮後，利安仍鍥而不捨發了簡訊給兩位。可能同時覺得利安都來了，竟然都同意抽出半小時給我們拜訪。於是，短短兩個小時內，我們同時約訪到兩位大人物。這兩位關鍵人物，不僅提供了政府與企業的視角，後續也串連了相關的人脈與資源。就這樣，利安慢慢地展開她的行動。

平安夜前一天，在德荷邊境小城車子爆胎，停在農夫市集入口，居民陸陸續續來幫忙。換好備胎，開去地圖顯示的修車廠，看看能不能換到一個合適的輪胎。修車場的年輕人正在拆聖誕包裹，還把其中一份禮物堅果禮盒送給我們。以爆胎當作拍攝採訪的結尾，何嘗不是一件有趣、難以預期的經驗。在資本主義社會下身為一名「游牧者」，很多人知道利安的生活方式後，想體驗她的生活，我是第一個跟她生活的幸運兒。短短一週的見聞，像是歷經了數週。

聖誕節期間，我一邊整理拍攝素材，一邊期待利安採擷了這麼多的故事後，要如何把這些故事轉換成行動？如何集合大家的力量做出改變？如何展開她的溫柔革命？

你有大包包嗎？邀請你來跟我走一段！

利安接著計畫二〇一八年五月十六日開始沿著馬士河的源頭一路往北海走，預計兩個月後走到出海口，她希望藉著身體力行的環境行動，讓大家更重視這個議題。除了每日沿著河徒步十五公里，每到一個村莊，便與當地學校合作開辦課程，分享自己的故事也帶領當地孩子與村民做水質監測，把檢測結果寄給合作的研究單位馬斯垂克大學（Maastricht University），拜會當地政府部門，參與地方環境組織。

「你有登山背包嗎？邀你來一起跟我走！」初春融雪的下午，健身完回到宿舍，便收到這則訊息，正準備翻開行事曆，利安就打來興奮地說著她的規劃與目前聯絡到的合作夥伴。掛上電話，利安分享了雲端行事曆，接下來的每一天，看著雲端行程日漸豐富起來。我從原本的猶豫，慢慢地被感染，開始整備行囊、鍛鍊身體。有野地求生執照、在芬蘭東邊小鎮讀森林管理的阿根廷友人知道我要參與這個「長征計畫」，特別安排帶我到森林裡攀岩，傳授各種野外求生技巧，提醒我要如何補充營養、背包負重要怎麼分配、要怎麼適當地休息。

五月的芬蘭，雪融得差不多了，原先要不要念研究所的煩惱，也跟著雪一樣融化消逝。對於接下來將近三個月，背著大包包晃蕩流浪的旅程既緊張又期待，沒有文憑只有自我督促的人生研究所，我來了。

人生研究所2：你的願有多大，力量就有多大

#沒想到受到的幫助源源不絕每天都有新的奇緣等待著我們
#我視每一個人為禮物從不認為是問題

每天都有新的奇緣

利安要我先到荷蘭小城鎮提堡（Tilburg）與三位藝文工作者會合，再搭他們的便車到法國中部的河流源頭跟她碰面，計畫在源頭進行一場藝文表演，為這趟長征揭開序幕。

沒預料到我是看來稚嫩的亞洲女孩，大家待我如孫女。

提堡詩人聽到我最想念的是閱讀中文書後，眼睛亮了起來，拉著我進書房，講起自己在十八年前退休後，如何一步步走到現在的詩人之路。荷蘭歌手溫柔地看著我說四十年前曾到過台灣唱歌，記憶中仍有海的氣味，離別前跑過來抱我，

祝福我未來一切平安。荷蘭導演兼大學教授有好多話想說，在人口稀少的法國小鎮，空無一人的石窟餐館說著老婆在兒子九歲那年生病過世，不知道要怎麼跟兒子互動的他，把自己的攝影機給了兒子，要兒子在喪禮上做記錄。不愛講話的兒子自此成天帶著攝影機，攝影機陪著兒子走過喪母的傷痛，也讓兒子多一個朋友、多一種看世界的視角。現在兒子成年了，是一名攝影師。

一路從荷蘭到法國中部，多麼奇妙的組合準備上工，但願我的鏡頭除了美麗的景物，更能捕捉人與人之間那份由熱情、互信、共同信念交織傳遞的力量。

利安原本以為一路上只有我們兩個人，沒想到受到的幫助源源不絕，每天都有新的奇緣等待著我們。

米樹爾爺爺也把我當孫女來疼，以前是麵包師傅，退休後變成農夫，嘗試友善土地耕作。T是辭職六年的軟體設計師，目前運用專長進行自然保育計畫、協助網站設計。P是在環境組織工作的二十七歲女孩，正進行的專案是遊說河岸居民配合政府的環境政策，建造符合生態工程的水壩。J跟P是立場不同的環保人士，J用法文滔滔不絕跟我說自己的策略，而我似懂非懂地點頭搖頭。養蜂老爺爺想要偷親我一口，帶我走遍他新買的土地，講著他對這片土地進行的新實驗。

A與L是一千四百頭牛的主人，引進新的技術，用牛糞當燃料發電，正努力達到收支平衡，我們借住在他們的移動小屋，同時備受小孫女般的待遇。

人與人間的感應鑰匙

還記得一日一位法國國家森林公園的巡守員J，跟著我們一起徒步，巡守員是位年約六十五歲的大叔，從來的那一刻，滔滔不絕，話從來沒有停過。在我們拜會地方工作者或官員時，J會不停地搶話。因為連幾日的操勞，利安已經有點沙啞微感冒，又要與J搶話，碰巧當天又來了一位愛講話的B大叔！晚上利安在房間裡偷偷跟我說她在煩惱的事，要怎麼跟J與B說不要搶話，要怎麼幫J與B在人跡罕至的法國鄉村安排住宿。恰巧我再隔兩天就要離開，我跟利安說若需要，我可以跟兩位溝通，我的角色比較不尷尬。當時我用「Problem」這個詞來形容他們，利安聽完我的建議，馬上說了段讓我永遠記得的話：

「我從不視任何人為Problem，也從不覺得要去解決什麼Problem。謝謝你的心意，我很開心你會這麼提議，不過，我視每一個人為禮物，從不認為是問題。當遇到事情時，我只會去想有什麼方式可以雙贏。」

聽到利安講的當下，很震撼，但一方面也等著看好戲，想說：好啊！你不需要我去說，那就看這個事情會怎麼發展。說來奇怪，隔一天餐桌桌上，J突然意識到利安沙啞了，並主動詢問關心。利安順勢說到自己這幾天跟他們搶話搶得有點疲倦……正在啃法國麵包的J與B好像頓悟一樣，接下來一整天不再瘋狂搶話，晚上的住宿也意外順利地解決。

人與人之間好像冥冥中有感應，每個人都帶著一把鑰匙，總會有個時刻，能互相開啟對方最柔軟的一面。跟著利安徒步的過程，每天都會不斷發生這樣的時刻。有來自於借住農民的善意與理解，有來自於與地方耆老的對話。

這個世界有很多機會

利安期待我能記錄她在三個國家（法國、比利時、荷蘭）整個徒步過程，但我希望能趁著在歐洲參與更多計畫，所以就只答應跟她徒步第一週與最後一週，沒想到，行程的突然改變，前後跟她走了近一個月，參與了前中後的行程。第一週算是暖身，自己對於計畫尚未有很大的體悟，一切很新奇，不停地按快門。中期加入後，開始質疑並思考這個計畫的意義與價值。最後一週，看她不僅走完，更開始匯集許多力量以及展開後續行動，我完整地經歷「見山是山，見山不是山，見山又是山」的歷程。利安五月十五日出發，七月十五日走完，總共走了一千零六十一公里，串連了超過五百個小孩與在地人一起監測水質，每晚都在不同的居民家借宿，徒步行動後，她聯盟沿途經過城鎮的政府單位，簽署合作計畫。

利安說這十四年來，每一季都會問自己三個問題。

1 做什麼事情會讓我的心在唱歌？

2 我擅長做什麼？

3 我可以為世界貢獻什麼？

她的答案是：

我喜歡走路，喜歡行進在大自然裡，喜歡在大自然裡工作。

我很會溝通、傾聽、串連與組織。

我擅長做環境議題、關心環境議題、帶大家了解自然。

這十四年來，答案都一樣，利安一直在相同的道路，為自己創造機會。

背著大橘包，感謝攝影與所學帶我到地圖上那些陌生無法發音的鄉鎮，那些地名都成了有意義的符號。記得有本書提到，在未來的社會，活到一百歲會是常態。若我們以百歲人生的角度來看待一生的規劃，會發現這世界有很多機會，只差自己不夠瞭解自己。不了解自己，那這世界再大，都與我無關。可能就是一股初生之犢的力量仍不斷地鼓舞我向前。很好奇、想看看世界其他角落的青年，所經歷、所面對的是什麼，與我們又有何異同？

交換學生這一年，一直對未來的不確定性與選擇感到迷惘，但因為看到利安與路途上相遇的人，選擇了這麼多不一樣的生活，給了我力量與自信，在更了解自己的同時，體會到其實人生是可以有很多選擇的。

人生研究所3：當別人的禮物

#漸漸地我在世界各地有了朋友也有了可以隨時安頓疲憊的地方
#在這個世界上有那麼幾個人像家人一樣把自己放在心裡隨時歡迎回來

我的禮物：金髮姐妹小C

利安以四海為家，真誠與人互動，所到之處都覺得很開心有她的存在，甚至有些人與她見面不到幾次，便將她視為家人，歡迎她下次回家。我以利安為榜樣，希望我所到之處，也能帶給別人幸福，成為別人的禮物，或許是貼心地協助，或許是共享生命經驗，共創美好真誠的相聚時光。漸漸地，我在世界各地有了朋友，也有了家，一個可以隨時拜訪、安頓疲憊的地方。

「對啦！阿花李，我們就是要去夜店啦！不要再猜了，就是有很多很多酒精的地方。」小C挑著眉對我說，看她那詭異的眼神便知道肯定是在開玩笑。小C

邀請我到西班牙一起生活了一個禮拜，除了上山下海，也跟著她與她家人享受單純的親情時光。打從抵達的第一天，小C便透露最後一晚有個特別行程，她用西班牙語昭告親友，但就是遲遲不肯跟我說神祕地點是哪？對於不菸不酒不愛去夜店狂歡的我來說，很幸運遇到小C，很幸運有她當我在芬蘭的室友，現在更成了我的姐妹，也是融入歐洲青年生活圈最好的媒介與鑰匙。

小C身上有著典型西班牙人的歡樂與熱情。比如不知為何她的房間多了張床墊，於是昭告整棟宿舍，大家有需要可以跟她借床墊。這下不得了了，這一年來，見她忙得不可開交，還有個小本子專記什麼時候要借給誰。若是同時有多組人跟她借，小C還會協助張羅。她多餘的床墊幾乎到過所有寢室，也知道整棟宿舍各種小八卦，人緣極佳。

我們說好要變成最歡樂的房間，把兩人合照貼在門口。沒想到吸引工務伯伯的注意，三番兩頭光顧我們的房門，甚至送來麵包，想以麵包換照片。我們也真成了最歡樂的房間，我笑她的慵懶，每天好似只能做一件事，她笑我的緊張焦慮。我們有自己的獨立房間，共用一間衛浴，保有隱私卻又有家的感覺。有一陣子，我對愛情感到困惑，小C娓娓道來自己文化中的上床文化與自己的應對模式；我們聊教育，得知在西班牙從小學到中學十二年念同一間學校是很正常的事；我們也聊家庭關係，東西方的家庭關係與以愛為名勒索的差異。

一起共度的日子越多，經常交換彼此的想法。她知道了我的習慣，我也熟悉了她的好惡。友誼累積最高點是到西班牙共度的一週，我們一起到郊區小屋歡慶小C媽媽的五十歲生日，整個家族的人都來了，各個是搞笑高手。也因恰逢歐洲足球冠亞軍大賽，看到整家族卯起來加油的瘋狂。友情更加深刻，卻到了說再見的時候。「阿花李，你覺得下次我們什麼時候能再見面。」「你什麼時候會再來歐洲？」總能想見再次見面的場景，卻不敢輕易許下承諾。小C領我進入一個截然不同的文化，更教會了我善良、純真與隨遇而安。

結果，最後一晚我們去的不是夜店，而是一場魔術秀。「哈哈看你剛剛緊張的模樣，我知道跟你出來不要去夜店，你不會喜歡的。」小C消遣我。這位魔術師據說是歐洲最富盛名的年輕魔術師，主題是「Nada es Imposible（Nothing is impossible）」。表演在各種燈光與鞭炮聲中炫麗結束，留給觀眾激勵向上、美好生活的想像與動力。在這個世界上，能擁有這樣的緣分與情誼，不正是nothing is impossible 最佳的解釋！

暗自觀察小C家的相簿裡，多半是小時候的照片，長大後，他們的全家福就比較少。慶生派對時，我特別為他們留下很多影像。離開前，偷偷去相片店沖洗出來，留給小C家每位成員信與照片。離開不到幾小時，便看到小C傳了張照片附了一句話：「阿花李妳在我房間裡」，她把我洗出的合照框裱，放在房間書櫃。返台後，我也在房間做了相同的事。

舅舅的禮物：比利時兄弟巴特

回顧法國的實習，跟利安走河，再到西班牙找小C，種種緣分，都因為影像而生，生命也因此更加豐富。

巴特（Bart）是我在歐洲的舅舅，四十年前，在沒有通訊軟體的年代，三十一歲的比利時巴特與二十歲的台灣男孩魯迪（Rudy），建立起長達四十年的友誼，並視對方為兄弟。

魯迪是我的舅舅，一直是我和妹妹最佳的神救援，我們暱稱「救救」，救救總能在關鍵時刻出現。求學時考試失利，難過得睡不著，舅舅半夜打來以自己的人生故事鼓勵我：人生之路是寬廣而多元的；大考成績放榜後，載我到各個學校面試；傳授英文、教我用幽默嚴謹的方式看待難關。甫到歐洲，舅舅又再度神救援，找了歐洲舅舅給我！巴特舅舅與阿比阿姨是我在歐洲的家人，無條件地歡迎我隨時回家。後來遇到的人越來越多，總是以舅舅為榜樣，希望能成為像他一樣溫暖有能力的人，關心他人，也能與人建立深厚的友誼。

巴特在滿三十歲之際，帶著工作存的錢，展開為期八個月的遊歷。第一站是西班牙的薩拉曼卡（Salamanca）。在薩拉曼卡遇到台灣女孩凱若琳，凱若琳充滿自信的談吐讓他對台灣充滿好奇，她建議巴特來台灣學習語言，並且保證中文很簡單，半年就可學會。台灣也就這時候留在他腦海裡，於是決定在環球之旅的其中一站造訪台灣。後來因為太喜歡台灣，這一待就是半年，期間還去了師大語言學校短期進修。

三年後巴特看到救國團舉辦了一個營隊，有免費到台灣的機會，就再度來到台灣，也就在這一年遇到當時還是大學二年級的舅舅，舅舅為了練習英文，常到救國團青年活動中心主動找老外搭訕，還帶巴特環島，認識台灣。巴特在這次營隊活動中遇到了來自南台灣的終身伴侶阿比阿姨，之後定居比利時。

雖然巴特和魯迪遠隔著歐亞大陸，串起兩人的同樣是對世界的好奇心與對人的溫暖。巴特和阿比比利時的家，在尚未流行沙發客的年代，就經常接待來自世界各地的旅人。退休後巴特經常來台灣，有時一待就是數個月，騎單車也徒步環島多次，儼然比我們還愛台灣。

舅舅是個浪漫幽默的頑童，常出其不意帶給人驚喜，代表作是當年出國留學前偷偷在家裡各處預先藏了三十多封家書還有留給每個家人的禮物。舅舅常叮嚀我們，做人做事要留下感動。

巴特的父親高齡九十歲，身體很硬朗，花了一輩子打造一艘兩層樓高的帆船。夏天，巴特的父親會把船開到荷蘭，整個夏天航行在河道上。秋天，開回安特衛普維修整理。隨著船友相繼過世，巴特父親出海的機會漸漸減少，為了安全，家人約定必須有子女陪同才能開船。但是子女有事業、家庭要兼顧，家人討論不讓父親再出航了。我要回台灣前，巴特家族正做航行前準備。「可能是最後一次出航了」巴特這麼說，我決定跟著到船港，為巴特家人拍紀念影片，希望能留下動人的影像。

那天跟拍開心似頑童滿「廠」跑的老船長，捕捉到發號施令的老船長脫帽的神采，像是對生命致敬。影片做好，巴特迫不及待分享給親友。巴特九十四歲的媽媽，給了我一個親人式的擁抱，自己也很感動，好像成為他們家的一份子。

什麼是家？

我曾在轉運站，看著窗外的陽光，寫下：

我的車要來了，我要回家了，回到我在歐洲的家。
陽光穿透車站，我愛上我的人生。
總會有那麼幾個時刻提醒你——活著本身就是最純粹的快樂。
這是一個難忘的一週。見了我愛的人、想念的人，還有想進一步認識的人。
漸漸地，我發現內心慢慢長出了一個家，我在世界有個家。
我是在風裡飄蕩的一片葉子，等待下一個機會，等待下一陣風。
我愛上我的生命。

世界太大、人太多。當建立起連結，總會遺憾不能再見面。相機裡的照片提醒著我，儘管可能不會再相見，但在這個世界上，有那麼幾個地方，有幾個人，像家人一樣把自己放在心裡，歡迎隨時回來，就是一件好幸福的事情了吧！

人生研究所4：浮萍世代的機會

＃做什麼事情會讓我的心在唱歌我擅長做什麼我可以為世界貢獻什麼
＃太多的可能反而讓我們更加茫然就像浮萍一般

問自己三個問題

七月十九號，阿姆斯特丹機場。終於要回家了。

利安傳來訊息說她正往前往機場的火車上，要來送行。

掛好行李，在入境大廳一間咖啡店，我們聊計畫的後續、利安的戀情、未來的安排、聊我的這一年……利安一直鼓勵我繼續待在歐洲做計畫，甚至說若我留下，可以幫我找房子、建立人脈。

利安說，我明白你想要穩定，想要一份正職，想要進到大企業磨練。你還很年輕，我也鼓勵你多方累積自己的經驗，但是我在妳身上看到一種特殊的潛能，我相信你也能過好「游牧者」的生活。未來當你發現快被工作或生活摧毀熱情時，請記得曾經歷的時光。我會三不五時地打給你分享生活，讓你記得，世界上有很多選擇，有非常不一樣生活。

準備出關，邊排隊邊想著利安的話，不知道下一次見面是什麼時候了，再回頭找利安，發現她的眼睛也溼潤了。

親眼看到這麼不一樣的生命面貌，利安把她對環境的關心與愛融入工作與生活。跟著利安從無到有，從籌備、計畫、募款、找到合作單位，再看著她如何實踐並以此為志業全心投入……其實也多少影響了我的選擇，使我不再那麼焦慮，也開始問自己利安的三問：做什麼事情會讓我的心在唱歌？我擅長做什麼？我可以為世界貢獻什麼？

多元複雜的社會提供更多的機會和選擇

趁著轉機空檔，在香港停留了一個週末，找兒時玩伴小品。小品高中畢業後，就到香港大學念金融，畢業後，留在當地金融公司工作。嚷著去香港找她玩嚷了四年，終於要到小品生活、學習的地方。小品是個盡責的地頭蛇，我們在小巷穿梭找尋最道地的煲飯腸粉凍檸茶，在她那五、六坪大的高樓租屋處，俯瞰來往為生活拚命的路人。有一晚，我們散步到租屋處旁的港邊，就這樣吹著風，忘我地聊到凌晨，聽她說著新工作，聽她過去一年曾有的迷惘與努力。

一起成長的朋友彌足珍貴，因為我們可以感受到彼此內心的衝撞，同時懵懂的人生信念，也在一次又一次坦誠地交談裡更加清晰。你的目標是什麼？未來你要做什麼？每次的交談，總會逼問對方最核心的問題，我們總是不斷在詢問並質疑彼此是否偏離初衷。

我跟小品分享利安的人生三問。小品說，香港的教育環境，培養了她行動快速、行事果決。和當前追求人生夢想的主流觀背道而馳，她並不完全贊同必須找到熱情、興趣才能豐富精彩。多數時候應與之相輔相成的訓練常被嗤之以鼻，但沒有執行能力怎麼成事呢？小品質疑，在沒有全然了解一件事前，怎麼能確認這真是你人生的「使命」呢？

那天晚上，夢到了那趟西伯利亞旅行，曾經相遇的蒙古青年，那趟旅程帶給我無邊際的想像，那些提醒我可以做不一樣事情的可能。

隔天，拜訪幾個在芬蘭認識的香港交換生，我們一起去南丫島，一起爬山。在維多利亞港邊，鏡頭捕捉到一個悠閒垂釣的老人，背後是高聳的商業大樓，和蔚藍的晴空。誰知那時候的香港，是暴風雨前的寧靜。

全球化帶來豐沛的資訊、多元複雜的社會提供我們更多的機會與選擇，但是太多的可能，反而讓我們更加茫然，就像浮萍一般。但從另一方面來看，有更多的機會與選擇，當然比沒有選擇來得自由。

當年在美國念書的雲門創辦人林懷民，畢業後婉拒學校和舞團老師的挽留，決定回到台灣，回家之前，他四處流浪。林懷民的流浪之旅遇到了來自各地的年輕人，懷著夢想、疑惑，或者什麼都不想的年輕人。流浪結束，從雅典搭上往曼谷的班機，在機場洗手間裡，他哭了許久，他知道，「一個人的『好日子』過完了。」也慶幸這趟流浪，他的「世界打開了！」

回到台灣一下飛機，手機跳出小品傳來的訊息：「我也好開心看到你在歐洲為自己人生勇敢的成果，更開心能跟你分享這個改變我人生的地方。好期待下個四年後，我們會在哪？過什麼樣的人生？但我知道無論在哪，我們都還能像那天在海堤聊到忘我。」我紅了眼眶。

在法國馬士河中游區徒步健行

我和利安抵達終點荷蘭馬士河出海口的那一天

花蟲季活動
宣傳影片

罕見疾病基金會
二十週年紀錄片

PART 4

課題：出走與回家

我們希望將年輕的能量，融入山裡的養分，重新創造共同記憶。我們想要「花蟲造返」，過去的社造是回到家鄉扎根，但新時代或許是流動的返鄉。在流動的狀態下，思考著能為家鄉做點什麼？

當養分在發酵

#也正因為有這麼不同的傻子用不同的方式參與世界才如此迷人

#唯有順著你的心才有機會在每一刻都充滿意義充盈地活著

我無可救藥的好奇心

面對政大校園門口的噴水池，手裡拿著畢業證書，意識到自己真的畢業了。夾雜著緊張與徬徨，閉起眼睛，回想當初翻開世界地圖，向世界投履歷，那股初生之犢的力量。當時被好奇心推著向前，我想了解世界其他角落的青年，他們所經歷面對的是什麼，與我又有何異同。

利安送機時說三不五時會打給我，分享她的游牧生活，要我記得世界上有很多選擇，有非常不一樣的生活。回台灣後，利安真的常常打給我，分享Drinkable Rivers後續的計畫，也更新彼此生活。現在我站在校門口，正式脫離學生身分，真的要投履歷了。與利安的那些遠距視訊對話，浮現在腦海裡，想到她為自己創造工作、定義工作的勇氣，便覺得又充滿力量，好像踏出校門後也沒那麼地可怕。

自己的工作自己創造

由利安發起的 Drinkable Rivers 計畫，我將它翻譯為「走出一條可飲用的河」。利安用六十天的時間，以每天十五公里的速度，徒步馬士河，這條源頭在法國，貫穿比利時、荷蘭的河流。利安藉著徒步行動，串連沿途的組織、政府與居民，希望她的環境行動，能啟發大家開始關心、保護自己生活周遭的水資源與河流。她每到達一個城鎮，便邀請在地民間與政府組織互相對話、與孩子進行水質監測。利安相信，當人們有與自然連結的美好經驗，就能從了解它、關心它進而愛護它。她像個環境傳教士，不吝於跟所遇到的人分享自己近二十年來在世界各地關注自然的故事。

到旅程尾聲，我才明瞭利安為徒步之旅所付出的努力與準備，其實利安在創造自己的工作。利安在籌備階段，就寄出手寫信給沿途可能經過的城鎮，告知地方行政單位她即將展開這項行動，利安希望地方政府有機會以任何形式共襄盛舉，一起為地方環境發聲，前後總共寄出近一百八十多封信。

一百八十多位行政長官，有的熱情回覆她，甚至加入一段徒步之旅，然而大多數的信是石沉大海。曾跟著利安去市鎮廳，直搗問市長有沒有收到信；也曾在市民的帶領下，直接衝去正在家裡吃晚餐的市長家中。還記得那位市長開門時，手拿叉子、嘴巴還嚼著食物。看著市長驚訝的表情，當下佩服利安的毅力與神勇。

徒步之旅結束後，利安受邀成為幾地方政府的水資源政策顧問，一起參與政策的評估與規劃。她串連願意持續守護環境的地方首長，連署宣示、定期開會。也把沿途與孩子們一起進行的河水檢測數據，拿到合作單位台夫特大學實驗室（TU Delft WaterLab consortium）進行分析，並在二〇一九年的世界水資源日發表成果。

記得徒步的尾聲，在穿越一陣矮叢後，見到寬闊的鹿特丹出海口，剎那間，我們相視擁抱，興奮地衝向那片蔚藍。旅程一開始，載我到源頭的荷蘭藝術工作者也來了，他們帶著吉他與敲擊樂器，唱著喜悅之歌。在海潮聲與樂聲中，利安對我說：「現在走完了馬士河，接著我要走中國的河。黃河或是長江？」我詫異地問利安，她既不會講中文，對中國的狀況也完全不了解，為何想去？

利安說，走完母親的河，還想走父親的河。利安的父親是移民到荷蘭的第三代華人，目前在北京任職。我沒把利安的話當真，自覺她是在開玩笑，回到台灣後，也忘了她曾說過的話。

我們保持聯絡，利安繼續帶領戶外工作坊，也開始被荷蘭媒體注意，被評選為Dutch Sustainable Top 100（荷蘭報紙《忠誠報》評選荷蘭對永續具貢獻的百位人士）。

走父親之河

二〇一八年聖誕節，利安傳來訊息，說真的要去中國，邀我同行，並請我幫她取中文名字！看到訊息的當下，我無法置信！原來，利安聯絡了在北京的父親，計畫先在北京待三個禮拜做田野調查。正以利安為紀錄片拍攝對象的獨立導演湯瑪斯（Thomas）透過利安聯繫我，說若我能去北京，希望我幫他拍一些畫面。

二〇一九年二月底，我抱著觀望與興奮的心情，飛去北京與利安會合。出發前一晚，利安傳來一份計畫表，上面密密麻麻地寫滿三天的行程，以及導演交付的拍攝畫面列表。如以往，利安有異於常人的夢想，事前功課也做得徹底。

短短三天，我們騎著腳踏車在胡同裡穿梭。去了供應北京全市水源的水庫、自然風景保留區、認識當地有機市場的工作人員，與都更處的公務人員餐敘。最特別的是去了荷蘭領事館，拜訪領事說明計畫、聽取建議、找支援。

在我眼裡，利安的中國計畫雖做了很多功課，卻十分地不切實際！利安不會中文，從最基本的語言溝通就有困難。荷蘭領事也跟我想法一樣，那天我們像極了劉姥姥誤闖進了大觀園。在穿越三道檢查關卡後，終於進到領事的辦公室。荷蘭領事聽了利安的計畫，試圖打消她的念頭。出了領事館，發現她似乎有點洩氣，顧不得對著河畔發愁的利安，我匆匆趕往機場，來不及跟她討論，心裡暗忖，她可能已經打消了到中國徒步的念頭。

七月，收到利安的訊息，一開頭就寫著：有沒有興趣八月跟我去青藏高原？這回跌破我眼鏡，原以為利安的中國行已經喊卡了，竟然還沒結束，利安決定徒步長江！不是一次全程走完，而是分時分段走。

實在太好奇利安為什麼執意要去中國溯源？為什麼是現在？看到了什麼機會？電話的另一端，利安說，她聯繫了當地的環保團體，打算八月到青藏高原探勘。她找到了兩個切入點：《生物多樣性公約》締約大會二〇二〇年在昆明召開，她要爭取在大會上發表演說；二〇二〇年中國將正式設立三江源國家公園，屆時會有相關環境會議與組織。三江源國家公園為大陸長江、黃河、瀾滄江的發源地，利安計畫以三年的時間，分三段走完長江。

聽到利安這麼一說，我才恍然大悟，也才回頭反思從三年前在法國布瓦布樹認識她到現在，一起經歷的點點滴滴。原來，我受到了這麼難得的恩典，近距離地跟著，這個執著有韌性的傻子，與她一步步探索的是生命的源頭。

從利安身上，我看到了「向世界投履歷」的美麗實踐。與自己對話，傾聽內心深處的呼喚，縱使大家覺得她傻，她仍持續地去做，勇敢走出自己的路。世界上也正因為有這麼不同的傻子，用不同的方式參與，世界才如此迷人。

那天在北京街頭，與利安騎著車，和汽車、三輪車並肩搶車道，車水馬龍間，我看到了那曾經拿著小V8的自己，那個在北京火車站前，等著坐上前往西伯利亞火車的自己。當時的我，即將展開第一場勇闖世界的冒險，覺得冒險就是勇闖世界，有意識地為身心找一個革命性的洗禮。因為對人生有很多迷惘、有很多的好奇，所以到異地、到一個未知的遠方。並且期待過程中碰到的挑戰，能讓自己有全新的體悟。自己對世界的想像，好像就這麼地延展開來。爾後，這些挑戰匯集成了許多感受的片刻，可能在某個剎那，突然得到清澈的感受，這些力量，而成為現在的自己。

現在，與利安相遇而後意外踏上的這些冒險，是一個穿透內在世界自我成長的旅程。看著利安，我發現生命本身就是一場冒險，唯有順著你的心，才有機會在每一刻都充滿意義，充盈地活著。若說往未知的世界而去是我們與生俱來的衝動，利安的行動告訴了我，未知的世界，其實就在自己的內心。

家人愛的練習

#親子關係是建立在愛的陪伴不是把期待寄託捆綁在關係上
#我深知因為擁有這樣全然的信任我才能一再勇敢地做出不同的選擇

對抗畢業壓力

成年後我們家最常互動的方式，是寫電子郵件。總覺得寫電子郵件，不同於講電話或是視訊，是把想講的話放在心裡思考一遍後再表達，是很浪漫也很有效的溝通方式。之前在義大利拍《共設時代》，旅程進行到一半，爸媽妹像說好的一樣，不約而同寫電子郵件鼓勵我。信裡的話語如：「當你走過，請展露你最多的笑容，因為你只能走過一次。」到現在還不斷提醒著我，要笑著面對每個時刻。

歐洲徒步的尾聲，距離畢業越來越近，也開始面對畢業被關切的壓力。收到標題「Antigradurationpression」的郵件，正當我以為是病毒信，要左滑刪除的時候，看到寄件人是媽媽。她將anti（對抗）graduation（畢業）還有pression（壓力）三個字連在一起，才沒讀幾個字，視線便開始模糊。

Dear:

Alfa選擇的專業最適合現在不斷求新求變的大環境。學商、教育、法律、醫學……起步經常要隸屬在企業或機構，旁人問起畢業後在做什麼，必須交代個公司。但是傳播的多樣性與廣泛的需求，接案的實質報酬與生活的自主性，超越在企業體工作，所以旁人問起畢業後在做什麼，回答「接計畫拍片、幫企業家經營自媒體、寫專案報導、拍公益影片……」因確實有這些經歷，很容易說明的。

如果還有些三姑六婆接著探問，那薪水多少啊？這也很容易破解，Alfa已經有許多實戰的經驗，可以大聲有自信的回答，保證讓那些愛比較、惱人的好事之徒，自討沒趣兒！

一直以來看著你們好認真好努力，做了許多我們做不到的事。別人如何定義成功、追求成功，是別人的事。

老爹老媽看到你們認真活在當下，做對自己對別人有益的事，就覺得超欣慰超成功，靠爸族和靠兒族一起畢業旅行更是幸福破表。現在已是E世代的天下，未來不是誰靠誰，而是要一起互相依靠一起打拚！對不對（台語）

Mom

看完媽媽的信，覺得內心很大一部分的壓力都釋放了。跟利安徒步的一個月，親歷生命的無限可能，但實際上，在面對未來還是會感到焦慮。媽媽的信是及時溫暖，給我信心，讓我能放慢步調，停下來問自己真的想要的是什麼。

對於媽媽的來信，我這麼回的：

由衷感謝我生在一個自由的家庭，更感謝我們家的大人都身體力行奉行公益，擁有專業，還在子女長大後有自己的人生，把自己活得興高采烈。我深知，因為擁有這樣全然的信任，我才能一再勇敢地做出不同的選擇。

離開法國後，我哭了，能力被肯定、跳脫句點王的感覺無比興奮。

寫這封信的當下，我也哭了，能擁有這種無條件的愛，感動得無以復加。

親子關係是建立在愛的陪伴，不是把期待、寄託捆綁在關係上。很幸運有這樣能理解我的父母做為後盾，那還有什麼畏懼的呢？

關於愛還有一個這麼深邃而動容的練習

我的初步目標是先到大公司磨練，第一份工作應徵到聯合報系「願景工作室」的影像組。願景工作室的理念是「不只報導 還有行動」，希望藉由報導能推動政策或法案，帶來真實的改變，讓台灣更好。對我來說，能在參與報導的同時又有機會為社會帶來正向改變，真是夢寐以求的工作。

負責的第一個專案，是與團隊為罕見疾病基金會拍攝二十週年紀錄片，扮演的角色類似於在義大利拍攝時的執行製作，負責聯繫、撰寫腳本、與拍攝對象互動、掌握細節等。罕見疾病的平均發生率是一萬分之一，在適者生存的定律下，演化上突變的機制是為了應對各種不可預測的危機與變異，每個人身上多多少少都會有一些變異，但絕大部分不影響生活，而有萬分之一的生命一出生，就必須面對跟大家截然不同的人生，這些萬分之一的生命幫忙「健康人」承擔掉了風險。

影像組與報社的健康事業部合作，試圖述說罕見疾病這二十年來，關於立法的、診斷的、治療的、還有關於希望的故事。負責場控的我，每每在拍攝現場都會被不知所措的情緒影響，不知道要怎麼跟每個家庭互動。其中軒誼一家非常溫暖地鼓勵我，因為有受訪者全心接納，我慢慢走進他們的故事。

朱聯飛是軟體工程師，余佩琪是職業婦女，原本自由的人生，因為獨生女軒誼的出生而有了極大的轉變。軒誼是天使症候群患者，天使症目前還沒有藥可以醫治，患者症狀是同時有智能障礙及語言障礙，常常微笑像是天使。軒誼被診斷當下，醫師建議夫妻倆快去申請身心障礙手冊，走出醫院，夫妻倆抱頭痛哭。哭完後，他們擦乾眼淚，思索下一步可以怎麼做。因為發現跟疾病有關的資訊很少，而成立聯誼會，串連其他天使症家庭，讓經驗可以共享。

拍攝的過程中，軒誼考上一般高職的特教班，繼續完成學業。佩琪為女兒考上餐飲碩士班，希望未來能讓女兒在高職畢業後，有一個回饋社會的場域。

很感激，可以體會愛的不同樣貌。從未想過，關於愛還有一個這麼深邃而動容的練習，是平凡生活中日復一日的試煉。對於有罕病病友的家庭來說，每一刻都是愛的練習，必須切割掉人生規劃，必須重新看待生命與生活。好幾次拍攝收工後，團隊裡有小孩的黃導及攝影師蔡哥，都說要趕快回家對小孩家人「抱緊處理」。

有一天聯飛傳訊息說，他一直靠理性處理孩子帶來的人生課題，壓抑個人情緒，長期下來，太太認為他沒溫度、沒感情。藉由我們的訪談拍攝，是他第一次跟太太講出心裡話。看到訊息當下，覺得自己的工作能被信任、能被當作是他們的橋梁，是給予我最大的鼓勵。

成為有移動力的世界公民

＃國外採訪就像是煮大鍋飯要在當地盡可能地蒐集挖掘各種材料
＃阿爾托知道沒有什麼會穩定不變唯有移動才能存活

煮一鍋湯

除了罕病專案，願景長官何策略長給我機會到愛沙尼亞拍攝採訪，如果不算之前去義大利拍攝紀錄片的經驗，這是我第一次正式以一個機構的名義出國採訪。我們以「新課綱、救科技」為主題，想檢視並盤點即將上路的一〇八課綱，在師資、教材、軟硬體設備上是否準備好了，並且輔以愛沙尼亞的科技教育經驗做參考。

二〇一九年暑假開始實施的一〇八新課綱，目的是要回應現在快速多變的世界，希望各學校發展不同的特色、能依照學生的差異給予不同課程，並強調素養。素養是一種統合的能力，綜合知識、技能、態度與價值，期待在快速變化的時代學生能自我學習、解決問題。其中，新課綱裡的「科技」變化比較大。國小將原本的電腦資訊課融入各科當中，國小的「科技領域」依照學校的特色規劃。國中：新增科技領域，由生活科技和資訊科技兩門課程組成，為必修課。高中：強調跨學科整合應用，藉由「寫程式」來培養學生邏輯思考與運算思維的能力。

愛沙尼亞只有一百三十一萬人口，土地是台灣的一．三倍大，政府從一九九六年Google都還不普及的年代開始推動教育資訊化。他們是全球第一個將資訊教育延伸至小學的國家，現在，他們從幼稚園就開始教資訊科技了。

「這是你第一次參與國外採訪喔！」「國外採訪呢就像是煮大鍋飯，在當地盡可能地蒐集、挖掘各種材料，回來再來看看要怎麼煮這鍋湯！」凌晨三點，我們正在前往機場時資深文字記者對我說。

我們帶著許多疑問，好奇科技與科技教育如何影響愛沙尼亞？秉持著不放過任何線索的精神，店裡的小哥、學生、創業青年、機構，逢人就問，甚至連我們在餐廳吃飯遇到的服務生都成了我們的受訪者。媒體在大方向下找出核心，而這個核心終究是從千萬個真實與片段中歸納出的交集。

一路上開始思考教育的最終目的，從與我年紀相仿的受訪者眼裡，重新思考這個問題。

我們訪問愛沙尼亞新創公司Taddy的創辦人，二十四歲的奧利（Olev）。奧利專攻大型戶外動態廣告看板的效益研究，他說愛沙尼亞這類廣告看板少之又少，但是他們看到的市場，從來就不只是愛沙尼亞，他也說自己見證資訊教育一路以來的演變。奧利從中學開始上資訊課程，當時的課程一學期只有幾個小時，而他現在八歲的妹妹，才上小學一年級，已經開始學程式設計了。因為愛沙尼亞是個小國，奧利覺得他們的政策很靈活，也充滿信心。

教育目標是為了培養世界公民吧，一個人能否時常並持續升級自己的能力、能否正面樂觀的面對改變，將成為未來生存的關鍵。不管是奧利還是咖啡館的小哥，除了專業的服務，信手捻來的是豐富的在地文化，談論起亞洲也不帶偏頗。世界公民，除了要有專業與知識，同理心、包容心，態度與行動力真是包山包海。

唯有移動，才能存活

因為到愛沙尼亞要從芬蘭首都赫爾辛基轉船，不想放棄這個重回芬蘭訪友的好機會，儘管只有一個晚上，也要見上在芬蘭交換時認識的芬蘭朋友阿爾托。知道我要來，阿爾托特別從坦佩雷搭兩個小時的火車來首都，我們約在在赫爾辛基火車站旁的靜默教堂。正當我還陷在期待又緊張的情緒中，突然有人從後方激動地拍了拍我，大叫我的名字。

那晚，我們就這樣坐在火車站前聊了整晚。每次跟阿爾托聊天，都會感受到我身體裡一直有自己不知道的潛力，有一個理想的自己還沒生長完全。阿爾托跟利安一樣，是一個「游牧者」，他是一個可以隨機移動的軟體工程師。阿爾托知道未來的工作現在可能還不存在，沒有什麼會穩定不變：唯有移動，才能存活。

結束愛沙尼亞的採訪不久，在朋友的引薦下，有機會跟著一間年輕有活力的影像工作室，拍攝星宇航空的首航。跟著影像團隊，一起到德國漢堡，拍攝整個接新機的過程，那趟旅程的心情起伏就像是到歐洲一年多的縮影。緊張、期待、想探索自己的潛能。

幾個月後，阿爾托隻身坐上西伯利亞鐵路，遊歷亞洲諸國，最後一站真的來到台灣找我。時值中秋節，帶著阿爾托上山下海，路過東北角的漁村，見到家家戶戶都在門前烤肉，也邀請我們一起舉杯對月、燒烤言歡。來自寒帶內斂的芬蘭人，深刻體驗到亞熱帶台灣獨有的熱情。

有一天，看到阿爾托把臉書封面照換成在台灣與外婆的合照。妹妹開玩笑地嚷著：「喔不！那是『我的』外婆！」

期許自己能像阿爾托一樣，成為有移動力的世界公民。

看見不一樣的家

＃在流動的狀態下思考著能為家鄉做點什麼
＃我們相約不知道終點繼續玩耍

故事大接龍：花城夢想會

爸爸鼓勵我們追求夢想，但是要追求一定不會失敗的夢想。有什麼夢想，一定不會失敗？那就是「幫助別人」。不管我們的能力高或低，運氣好或不好，隨時隨地都能幫助別人，不像其他夢想需要許多不能確定的因素來幫忙。一次美好的經驗，讓我更深刻明白其中的美妙。

我的童年是在台北盆地外圍的花園新城度過，要回到位在半山腰的花園新城，首先要坐到捷運綠線底站，再等唯一的「綠3」線公車上山。坐上綠3，公車駛入兩旁綠蔭的新城大道，就有濃濃的返家感覺，總說花園新城是我的鄉愁，有自然、有親切的鄰里互動，是一個很有歸屬感的山城。心裡有個聲音，我們如此幸運，從小就領受這份贈禮而不自知，是否能為社區回饋些什麼呢？

長期在花園新城經營社造的嘉佑大哥，就在這時候提出「花城夢想會」的想法，我們開始了每個月最後一個週六，由花園新城年輕人接龍「花城夢想會」。我們分享彼此出走的故事，也意外地發現，我們都受這個山城的涵養。這裡的自由、開闊，給予我們成長的能量，童年時期認識或擦肩而過的玩伴，就這樣慢慢一點一滴地因為「花城夢想會」而串連起來。我們都想為自己的家鄉做一點事，討論激盪著，是不是可以更有創意，一起玩出更不一樣的事情。該是讓童年滋潤我們的山城，不只是停留在記憶。而是讓我們成為不只是聽故事的人，而是使台下聽眾眼睛發亮的說故事者。

第一個目標是接棒社區每一年的傳統活動「花蟲季」。四月底五月是螢火蟲與油桐花的季節，過往社區會舉辦為期一個月的慶典活動，白天拜訪社區藝術家，夜訪螢火蟲、一戶一菜、跳蚤市場、工作坊與展覽。我們希望將年輕的能量，融入山裡的養分，重新創造共同記憶。我們想要「花蟲造返」，過去的社造是回到家鄉扎根，但新時代或許是流動的返鄉。在流動的狀態下，思考著能為家鄉做點什麼？

就這樣，短短半年的時間，總共有十多位青年加入。大家貢獻不同的專業，我們跟新北市政府文化局提出青年參與社造行動計畫：「花蟲造返——花園新城藝術祭典傳承計畫」，申請經費，期待透過青年世代參與籌辦花蟲季，促進社區居民的交流，再次凝聚社區意識，並延續新城生活實驗的精神，成為回饋與支持的平台，讓每個萌芽的理想都有得以實現的機會。

而我跟夥伴河洛帶領花城影像工作坊，讓社區居民嘗試用影像說故事。我們認為花園新城是人文與自然薈萃之地，居民蘊涵的生命歷程，更是練習說故事的絕佳起始點。不論是比鄰的藝術創作者、豐富的自然生態、特殊的社區歷史到先鋒的教育實驗，它的多元養分與實驗精神自小陪伴我們成長。這次，我們不只希望重新認識花城，更希望號召更多居民一同來參與。

重新找到影像溫柔而堅實的力量

最後有十三位居民，年齡從中學生到社區七十多歲的長者，一起在春天，展開一場探險。「做什麼事會讓你想唱歌？」「哪裡是你認為最美麗的角落？」我們以這兩個方向，引導學員發想創作三分鐘的短片。分享影像說故事的技巧，用不同視角看自己的家園，挖掘花城豐富的故事。

七十多歲的詹老師想拍她的人生哲學「剛剛好就好」，還計畫拍一百集，拍到人生盡頭。我跟著她檢視相機裡的畫面，都是生活的片段：寫書法、家中的靜物擺設……不太熟悉 3C 產品的詹老師不斷地嘗試，不斷地練習。一日，詹老師用手機拍攝流經社區的溪流「蘭溪」，鏡頭平穩順暢，我們一起剪輯時，決定不加配樂，保有自然的原始音，看著那充滿力量的畫面，也被詹老師的學習力感動。

喜歡畫畫的蓮美姐，為了短片，特地跑到溪頭拍牡丹花。為了自己的創作，反覆地修改，努力學習軟體的應用。

學員們教會我們的事情，遠超乎我們預期。長青會吳老師知道我們要舉辦影像工作坊，免費借我們場地。剛退休的吳老師和先生在社區附近承租了一塊小農地，稱之為開心農場，吳老師想以開心農場為主題。試拍了幾次後，大家鼓勵她可以聚焦在一個主題，讓影片有一個主軸或一個主角。幾天後，吳老師傳來許多師丈充滿感情的身影，我們看了都很歡喜卻沒想到幾天後，吳老師捎來訊息，說影片的主角——師丈，突然心臟病過世。若是我們願意，希望能協助她把影片剪輯完成。我跟河洛邊流著淚，邊看著素材，畫面精準動人。

花城影展「看見不一樣的家」最後共匯集了十支短片，春末夏初的夜晚，在社區小公園公開放映，我們邀請社區兩位專業影像工作者當評審。那晚，來了許多認識與不認識的居民，好像回到小時候，搬著板凳，在星空下社區的大小朋友一起看著每個學員的故事。吳老師也來了，詹老師與吳老師壓軸，兩人用歲月累積的經驗與智慧，為影展的結尾做了最好的詮釋。而學員對待創作的態度與堅持，過程中的遺憾與最後的圓滿，讓我重新找到影像溫柔而堅實的力量。

花蟲季開幕那天，我跟妹妹合體主持，站在台上，看著台下來來往往的芳鄰，有點不真實的感覺。倉促成軍的夥伴，竟能「造返」得有模有樣。

因為花蟲季而凝聚的夥伴，營造出「既是家、又不是家」的第三空間。花蟲季結束後，我們會往何方？我們決定暫時以無組織的方式持續下去，河洛說，它不是講求私密的家、也不是注重生產的公司，是獨立的第三空間，是不是要用第三空間的理念去栽植它？我們將繼續專注在自己有興趣的領域，在社區做著實驗。社區的醫師捐出一塊有十年土地權的農地，我們相約，不知道終點，繼續玩耍、繼續在這片所生長的土地歷險，蓋一個兒童fun養基地、青年的造返巢、成年的生活實驗場、老年的生命傳承地。

後來的後來

＃每一步都是冒險但每一步都求盡心盡力其他的就讓生命盡情揮灑

＃一路上相遇的人勇敢做了不同的選擇給了我力量

來不及的告別

西伯利亞之行是我脫離升學體制後，望向世界行動的開端。那年我們剛考完大學入學考試，我跟妹妹馬上衝到樓下鄰居宜真家串門子，宜真與先生阿傑一直以來奇妙地在我們生命中扮演一種介於父母與手足的引導角色。等不及我們坐定，宜真馬上拋來：「你們暑假有什麼計畫？」我們才剛把課本丟開，根本腦中一片空白。

「啊！不然你們去西伯利亞好了！」阿傑冒出一句。宜真說：「那我跟你們去！」我們一致贊同：搭火車穿越那個地理課本上長長的西伯利亞鐵路！還有比這個更酷的成年禮嗎？

那趟旅程帶的小Ｖ8如今已經不堪用，這幾年來我也去了更遠的地方。在我二十五歲這年，來到旅程的另一階段。

宜真在二〇一九年底被診斷出罹患罕見癌症，短短幾個月癌症就帶走了她，我來不及向她告別，以及說出我心裡所有因她而生的改變。

回想每次到她家，宜真都會問我和妹妹：以後要做什麼？我們理想的生活模式長什麼模樣？等等既生活又哲學的問題。還記得宜真最想做的是考古學家，當時覺得她的回答太跳tone，以為是在開玩笑，很遺憾沒有繼續追問。宜真總是不滿意我們務實的回答，總想挑戰我們「讀書—工作—結婚—買車買房」的僵化思維，她希望我們能獨立思考。

宜真與阿傑因賞鳥、一起推廣保育而相知相愛，十四年前的婚禮宛如一場保育團體的嘉年華，現場還開放中華民國荒野保護協會、台北市野鳥學會的志工現場宣傳理念。那年我九歲，和妹妹表演扯鈴獨輪車協助募款，現在回想起來，仍恍如昨日。那時，他們把婚禮禮金捐給各自所屬的保育團體。他們認為婚禮只是形式，生態保育才是永續。這場婚禮，開啟我對於公益的了解與想像。

他們不是想像中的環保狂人，離群索居、反對資本世界。宜真在外商擔任企管顧問，阿傑任職製藥公司。宜真三十七歲時決定離職，到英國念轉型經濟，是台灣首位前往英國舒馬赫永續經濟學院（Schumacher College）修讀轉型經濟學（Economics for Transition）的碩士，希望用經濟、企管的專業，幫助生態。

宜真這幾年陸續做不同的工作，也曾回職場實踐修練的成果，其他時間，宜真都投入最愛的公益事業，從事非營利組織的顧問與諮詢工作，結合自己的財務管理、組織專業，輔導新創立的社會企業面對市場挑戰。阿傑從高薪的藥廠離職，到東沙環礁國家公園當鳥類調查員。宜真與阿傑選擇走一條人煙稀少的路，貼近更真實的自己。他們說，每一步都是冒險，但每一步都求盡心盡力，其他的，就讓生命盡情揮灑。

宜真曾自問：「這樣的非典型的生命循環，我得到什麼？又失去什麼？」她給自己的答案是：「檢視與洗淨後，最該感謝的，還是我的原生家庭與先生。是那一起無懼於正常生命所應該過的生活，而給出的智慧與勇氣。對於自己而言，是真正透澈了悟生命的渴望，塑形成為我今日的樣貌。人生如此漫長又如此短暫，驚覺的，又哪只是我們擁有的卻實際上無法記錄的回憶時光。」

罹病後的宜真曾想舉辦生前告別式，但因太虛弱，只能在臉書舉辦「生前告別式」，誰也不知此時距終點只剩一個月。她在臉書寫著：「謝謝能和你們相遇。謝謝累世的彼此寬恕和愛。下台一鞠躬。」並以〈親愛的旅人啊〉的歌詞來道別：

既然相遇是種來自於時光的饋贈，那麼離別時，也一定要微笑著，回憶放心中。

那天禮廳中有宜真喜愛的樹木、野薑花、姑婆芋，聽到小鳥青蛙鳴唱，伴隨著潺潺流水聲，宜真的照片，就豎立在這片綠意中。每位前來向她告別的朋友，都拿到一張捐款收據。阿傑說，這是宜真最後的心意：告別式不收奠儀，甚至為到場的朋友每人捐五百元，平均分配給宜真指定的團體，包括荒野保護協會、台北市野鳥學會、中華民國紅心字會及動保團體。那天總共捐出了一百萬元。阿傑解釋，宜真覺得自己生前為自然做得還不夠多；以告別式之名捐款，這是她這一生能為自然守護做的最後一件事。

長大後，有許多不斷在思考的問題：一輩子都得追逐金錢嗎？人生準備好冒多少險？什麼樣的工作，才是有意義的工作？能為社會帶來什麼貢獻？盡力挑戰各種可能性了嗎？是否太過依循前人的路？要怎麼和一個人白頭偕老？這些疑問，總能在宜真阿傑身上得到啟發。很不甘心，沒來得及跟宜真多討論一些她的非典型人生。

在一片綠意中，我相信，宜真向世間的告別式，也是前往一個更美好世界的啓程式。而她分享給世間的善意，將不停地在人間流轉。

而繞了一圈的我，也看到在多元價值並存的年輕世代，不全然選擇傳統單一的路線，進企業、拚命工作、買房、買車、結婚生子。更在乎追求自我實現與物質生活的平衡、有的成為與大自然為伍的生活藝術家、有的不計成本想要用專業回饋土地。曾經對未來的不確定性與選擇感到迷惘，因為一路上相遇的人，勇敢做了不同的選擇，給了我力量。

二十五歲是人生重要的分水嶺，未來仰賴自身當下的選擇與努力，開始承擔責任，對自己也更加篤定。

帶著祝福，接下來，就真的是自己的旅程了。

香港維多利亞港前的垂釣老人

從花園新城家裡窗口望出去的台北盆地

後記一

我選擇明亮溫暖的那張

A寶

「你知道嗎，好險有找你出來。那天我看到書名，還驚訝地想說你什麼時候變得這麼勵志了？」邀請老友許真設計封面插畫，睽違幾年沒見，坐下不久，許真這樣對我說。

許真畫了兩款截然不同的封面，一個溫暖有力量，一個自由而迷惘。猶豫了非常久，後來想想，兩款封面，其實也就是一直以來混雜的兩種狀態：時而充滿勇氣，時而迷惘。

向世界投履歷，似乎是要找到很好的工作、功成名就。但繞了一圈，後來發現，比起成功，深層的快樂與滿足更難以探尋。至今翻開世界地圖，打開全球求職網，向世界投履歷那股初生之犢的力量仍不斷地鼓舞我向前。

這本書要說的就是，向世界投履歷不是為了找一份他人定義的好工作，而是找到未來的自己，那深根的快樂與滿足。而接近那個答案的過程，是要透過不斷地在迷惘中行走，不斷用身體力行去體驗。

最感謝編輯們：兩年前因為一篇臉書貼文，願意給我機會的文娟總編，鼓勵我、帶著我走出迷霧。編輯過程中用極大的耐心與同理，不斷跟著我一起梳理、討論的宏霖副主編。謝謝願意與我分享生命故事的朋友們，你們的信任是給予我最大的鼓勵；謝謝翻開本書的讀者，陪我再一次闖蕩，留住這些成長軌跡；感謝一路以來，關鍵評論網、聯合報、大逆光等職場的人生導師與合作夥伴；謝謝爸媽一路看著我跌撞成長，你們無怨無悔的教養與疼愛是支我最重要的力量；謝謝我最好的夥伴——妹妹B寶。

我明白，每個人的人生都是不一樣的，我的經歷不一定會發生在別人身上，所以一直對於出版有點遲疑。但在書寫中，書裡與我交織的生命，再度給我勇氣，讓我從中找回力量。願書裡的故事，也能帶給你一點點的陪伴、一點點的力量，那這本書就達成他的任務了。

於是，我選擇溫暖明亮的那張封面。希望也能給予你勇氣，在迷惘時。

PEOPLE 0460

向世界投履歷——找到未來的自己

作　者——李欣澄
副主編——廖宏霖
封面構圖與插畫——許真
版型設計、內彩、內頁圖片編排協力——吳欣瑋
內頁排版——立全電腦印前排版有限公司
企　劃——金多誠
總編輯——曾文娟
董事長——趙政岷
出版者——時報文化出版企業股份有限公司
一〇八〇一九台北市和平西路三段二四〇號七樓
發行專線——（〇二）二三〇六六八四二
讀者服務專線——〇八〇〇二三一七〇五
（〇二）二三〇四七一〇三
讀者服務傳真——（〇二）二三〇四六八五八
郵撥——一九三四四七二四時報文化出版公司
信箱——一〇八九九臺北華江橋郵局第九九信箱
時報悅讀網——http://www.readingtimes.com.tw
時報文化臉書——https://www.facebook.com/readingtimes.fans
法律顧問——理律法律事務所　陳長文律師、李念祖律師
印　刷——勁達印刷有限公司
初版一刷——二〇二〇年十二月二十五日
定　價——新台幣三〇〇元
（缺頁或破損的書，請寄回更換）

向世界投履歷：找到未來的自己/李欣澄著. -- 初版. --
臺北市：時報文化出版企業股份有限公司, 2020.12
面；　公分. -- (People ; 460)
ISBN 978-957-13-8482-5(平裝)

1.自我肯定 2.自我實現 3.生活指導

177.2　　　　109019144

ISBN 978-957-13-8482-5 (平裝)
Printed in Taiwan